Meiner Mutter:
mit dem gelben VW-Käfer,
uns Buben auf dem Rücksitz,
auf den Laudaer Galgenberg,
Steigung außerirdisch

Limitierte Auflage: 500 Exemplare
Diese Auflage enthält die gehaltene
und ungehaltene Rede des Autors
anlässlich der Verleihung des
Deutschen Preises für Nature Writing 2021
Herausgeber Joachim Schönauer
Lektorat Martin Plan
Layout, Satz und Umschlaggestaltung
Katinka Molde moldegrafik, Augsburg
Schrift LD Fabiol Pro mit Finn
Titel- und Innenbild »Blick von Rothenburg
in die ›Klinge‹ des Taubertales«,
Conrad Scherzer, ca. 1920
Druck und Bindung Pustet, Regensburg
Veröffentlicht mit der Unterstützung
des Nationalen Kulturfonds Luxemburg
Alle Rechte vorbehalten
© KILLROY media Verlag, Ludwigsburg 2021
ISBN 978-3-931140-70-0

FONDS
CULTUREL
NATIONAL

MIX
Papier aus verantwor-
tungsvollen Quellen
FSC® C014889

Sediment

Bernd Marcel Gonner

und

Sedum

Ein Essay

KILLROY media

deutscher
preis für
nature
writing

Das Steinachtal zieht sich nach Osten hin, schafft damit ideale Südlagen für Weinberge. Ein wunderbar enges, fast vergessenes Tal: Steinriegel, Obstbau, aufgelassene Weinberge, Sukzessionsvielfalt, Wiesen. Noch relativ flach im Einmündungsbereich zur Tauber, gliedern die steileren Hänge die linearen Strukturen der Steinriegel senkrecht zu den Höhenschichtlinien, während auf den Magerrasen der rechten Seite die Hecken entlang der Wege und Böschungen den Höhenschichtlinien folgen. (...) bei der Altmühle steigt eine Straße bis Reinsbronn hoch. Ab der Mühle wird das Steinachtal noch hängiger, steiler, der Wald (Eichen-Buchen-Laubwald) nimmt zu.[1]

Der Ort liegt an den Hangfüßen, hat für sein Siedlungsbild wenig Platz. An den Hängen um Reinsbronn Steinriegel, viel Obstbau, Verbuschung, kaum Ackerflächen. Der Hanglage entspricht eine enge, dichte Bebauung des Ortskernes, viele Steinbauten, die meisten zweigeschossig und daneben kleine Nebengebäude. Sehr ländlich-bäuerlich ruhiger Ort. Allerdings hat die Aufgabe des Rebenanbaus dem Ort einige Not zugefügt. Die hängigen Flächen konnten allenfalls für Obstbau und Schafweide weiterhin genutzt werden, die beackerte Fläche war so nicht vermehrbar. Insofern mußten die ReinsbronnerInnen wie viele derartige BewohnerInnen vergleichbarer Dörfer zum Zuerwerb greifen: Handwerker, Maurer, Korbflechter und Besenbinder waren stark vertreten.[2]

... ländlich-bäuerlicher Charakter, Ungleichzeitigkeit[1]

So viel der Mai auch Blümchen beut
Zu Trost und Augenweide,
Ich weiß nur eins, das mich erfreut,
Das Blümlein auf der Heide.

Ich sah vergrünen und verblühn
Die Welt im Frühlingskleide,
Du aber bleibst mein Immergrün,
Du Blümlein auf der Heide.

Kein Winter kann, o Blümelein,
Dir je was tun zu Leide,
Ich schloß dich in mein Herz hinein,
Du Blümlein auf der Heide.[2]

Was mir's an Mühn auch wiederkäut,
Blümlein auf der Heide,
Was Sens' sich dreht, was Rechen heut,
Tu' ich dir zur Freude.

Ich sah schwer unter Düngebrühn
Wiesenbreit' um -breite,
Der Landmann liebt sein Immergrün –
Wiesen gehn so heute.

Ein Blinder nur kann's blühen sehn
Auf Gülle, Grases Freude,
So bleibst du weithin ungeschehn,
Blümlein ohne Heide.

Berlin hat uns schier um Verstand und Seele gebracht. In der Ring-S-Bahn auf dem Weg zu deiner
Wohnung rollerten mir die halbleeren Bierflaschen
zwischen die Beine, der Mob spuckte gegen die
Scheibe und schrieb »Ihr kotzt mich alle an!« in seine
eigene braune Soße oder hielt in guter Festivallaut-
stärke Zwiesprache mit Gott in der Schnapsflasche.
Vor dem Supermarkt im S-Bahnhof Innsbrucker Platz
sammelten sich Tag für Tag Obdachlose, Bettler und
Wachdienst zu ihrem ewigen Eintracht-Krachts-
gut-Spiel. Die Graffitis fielen wie höllische Heer-
scharen über die Brandwände, Bordsteine und Later-
nenmasten her, der Himmel war abgeschafft.

... jetzt Kalk, nichts als harter dichter, weißer,
grauer und blauer Muschelkalk. (...) In der Keuper-
zeit trugen Wüstenwinde und Binnenflüsse das
sandige und tonige Material zusammen, in der
Muschelkalkzeit häufte das Meer den später zu
Stein erhärteten Kalkschlamm Schicht auf Schicht.[3]

Wir sitzen unter dem Nussbaum. Der Sommer
hat seinen Scheitel längst überschritten, der August
ist halb durch. Lauschen, ob die unten im Tal in
200 Metern Entfernung vorbeiführende Landstraße
Fahrgeräusche nach oben trägt, in die Klinge, in
der das Dorf liegt. Zu unserem Sitzplatz. Ich auf der
Kinderschaukel an dem ellenlangen Nylonseil in
einstigem Feuer-Orange, dessen Schiefer mir noch

nach Tagen in der Haut stecken werden, du auf
der brusthohen Trockenmauer, die den Platz um den
Nussbaum im Berghang abfängt. *Ich* sperre die
Ohren weit auf, *du* die Augen. Wir sind eben dabei –
zumindest als Chance, als unmittelbar uns zu
Füßen liegende, mit Händen greifbare Möglichkeit –,
Berlin zu entkommen. Auf der Wiese vor, neben,
hinter uns, die wir nicht wahrnehmen in ihrer Ausdeh-
nung, nur als Fleck haben um uns herum, zieht sich
das kleingehäckselte Heu unterm Dürrwerden zusammen, gemulcht – Mähen ohne Abräumen –
nennt man das. Es ist trocken und warm, fast heiß
hier, wie selten sonst in dieser Paarung in Deutsch-
land. Du sprichst vom Süden: Meran, Kalterer
See, Urlaube deiner Kindheit, an die dich das erin-
nert, von Klima und Anmutung her. Bemerkst die
Yuccalilien, die in den Weinbergen verstreut überall
gedeihen.

Unsere Streife geht (...) über die kahlen, kurz-
rasigen Hänge und Felsenhalden, die auf der Grenze
zwischen Muschelkalk und Keuper am Hochrand
des Vorbach- und Taubertals in der Richtung gegen
Dettwang hinziehen. Es ist ein Gang, der an som-
merlichen Spätnachmittagen, wenn drunten das Tal
in blauem Schatten und drüben die Stadt in gol-
denem Glanze liegt, zum tieferen Erlebnis werden
kann. Schon der bunten Steppenheide halber,
die ringsum blüht. Es sind:

Küchenschelle / Ackelei / Breitblättriger Ehrenpreis / Scharfer Mauerpfeffer / Weißer Mauerpfeffer /
Hoher Mauerpfeffer / Schwalbenwurz / Bergklee /
Großblütige Braunelle / Gemeiner Hornklee / Wundklee / Wiesensalbei / Geflügelter Ginster / Erbsen-
tragant / Waldplatterbse / Kronenwicke / Schopfige
Kreuzblume / Gemeiner eichenblättriger Gaman-
der / Traubengamander / Bergminze / Quendel-
blättriges Sandkraut / Purgier-Lein / Gemüselauch /
Baldrian / Sonnenröschen / Kammförmige Kölerie /
Böhmers Lieschgras / Natterkopf / Karthäuser-
nelke / Königskerzen (Verbascum tapsus und lychni-
tis) / Sichelblättriges Hasenohr / Hirschwurz /
Hügelmeier / Wilder Lattich / Jakobskreuzkraut /
Rautenblättriges Kreuzkraut / Sparriger Alant
(Dürrwurz) / Seifenkraut

Möge jeder selber diese tote Namenliste, sei es
in der Erinnerung, sei es an Ort und Stelle, zu einem
Auge und Gemüt erfreuenden Stück Steppenheide-
land umwandeln, Worte sind ja doch ohnmächtig
vor dem Zauber solcher Heideblumen — [4]

Den Vertrag über Hof- und Grundstückskauf
schließe ich am 29. September im Creglinger Notariat.
Hinterzimmeratmosphäre. Rurales Raunen. Der
Gummibaum umarmt das halbe Sekretariat von zwei
oder drei Seiten, so sorgsam behütet windet er
sich an den Wänden mittels seiner Rankhilfen entlang.

Preis und Größe der Sache sind genau verzeichnet in dem Vertrag. Was wir uns auftun, an Arbeit, Mühe, Schweiß, und aufschließen, an Erlebens- wie Erfahrungsräumen, steht nicht darin. Mit Gerd, dem Verkäufer und Biogas-Selbstversorgungs-Pionier aus einer Zeit, in der alles ganz anders und rundweg ökologisch gedacht war, ohne es unbedingt so zu nennen, esse ich zum Beschluss ein Eis.

Am 16. Oktober kommen wir an. Der Nachtzug »Neptun« hat uns von Berlin-Lichtenberg im Sitzwagen nach Frankfurt-Süd gebracht, von dort ein Regionalzug über Aschaffenburg und Miltenberg nach Lauda. Frühstück zwischen Hundemüdigkeit und Euphorie bei der Mutter. Den letzten Weg mit dem Auto, 45 Kilometer. Ich stehe auf dem Treppenpodest vor der Haustür, in drei Metern Höhe über dem schotterwilden Hof, und dirigiere die Möbelpacker. Zu mehr bin ich nicht mehr in der Lage. Am Abend werde ich mich mit hohem Fieber für zwei Wochen ins Bett legen.

Einen Balkenmäher schaffen wir uns im zweiten Jahr an. Ein Meter Schnittbreite. Auf einem Supermarktparkplatz bei Boxberg wickle ich den Kauf ab. Das Messer abmontiert, 30 Kilo weniger, drücken der Verkäufer und ich die Maschine, 100 Kilo, auf zwei angelegten Brettern in den Kofferraum. 800 Euro. Der Beginn der großen Schur.

So viel der Mai auch Blümchen beut
Zu Trost und Augenweide,
Ich weiß nur eins, das mich erfreut,
Das Blümlein auf der Heide.

Deine Urlaubsliebe!

Zeichnend saß ich bei deiner Mutter ...

Deiner späteren Schwiegermutter!

... an dem alten hochbeinigen Küchentisch auf dem
Balkon. Man muss hier geboren sein! Was dem Adel
sein Clan, das dem Menschen seine Gegend.

Nichts, als den gestirnten Himmel über mir und das
platte oder bucklige Gelände unter meinen Füßen.

Ich mit spindeldürren Haxen über die östliche
Münchner Schotterebene, *du* mit Krautstampferwa-
den die aufgelassenen Weinberge kreuz und quer
hinauf.

Die Frankenhöhe blaut in weitem Umkreis um
die Stadt. Am westlichen Rand des fruchtbaren, der
Frankenhöhe vorgelagerten Gaustreifens liegt
Rothenburg. Jäh am Rande dieses Streifens. Was
unterhalb davon, unterhalb der Stadtmauern
Rothenburgs in der »Klinge«, die die Tauber gesägt

und gefressen, liegt, ist landschaftlich, geologisch
und zum großen Teil auch botanisch eine neue Welt.
Bisher sanftwellige Höhen, weite Gaue und träge
dahinschleichende Flüsse, jetzt wilde Romantik,
schluchtartige Täler und Seitentäler mit schäumen-
den Wassern (...) [5]

Die Landschaft ähnlich – verwandt, verschwistert,
verschwippt, -schwägert – der meiner Kindheit und
Jugend im Mittleren Taubertal. Nur, dass das Tal
hier oben enger ist, zwischen bequemem Villenpool und
halb klemmiger Mietshausbadewanne, und die Hügel flacher. Erst bei Rothenburg der Canyon: Steilab-
fälle, Sägeschnitte in die Muschelkalkhochfläche,
eine Spitzkehre jagt die nächste, drunten im Grund
geht man gut irr. Der Fluss Bausch und Bogen.
Das Gelände lesen: Die handtuchbreiten Wiesenstücke
an den südwärts geneigten Hängen, jedes zwischen
zwei Steinriegel geklemmt. Als wäre ein Rieseneier-
schneider hineingefahren dort und gleichfalls Riesen-
hände, chirurgische, hätten die Spaltkanten ausein-
andergezogen. Nur, dass es umgekehrt vonstatten
ging. Die Steine sind aus den Wiesen und Teilzeit-
weiden seitwärts gewandert, auf maximale Wurfbreite.
Eine Bauernerklärung für das Kleinbauernland.

Generationen von Bauern lasen beim Mähen
des Grases ärgerlich die Steine auf und warfen sie
am Rand zusammen. So ein Stein konnte eine

schwere Scharte in eine gut gedengelte Sense
schlagen, Arbeit für eine halbe Stunde. Auf den Steinriegeln wuchsen Haselnussträucher, Obstbäume,
Schlehenbüsche, Heckenrosen, sogar wilder Hopfen,
den die Kinder einst sammelten und einer Brauerei
ablieferten, für ein paar Pfennige. Alles, was aus
den Steinriegeln herauswuchs, bereicherte die kleine
Wirtschaft. Und zuletzt gab es das notwendige Holz
für den Hausbrand: für Küche und Stube.[6]

Steinrasseln, hieß es, hießen *sie* als Kind von Seiten
der Erwachsenen. Echsen, sagten wir – und hatten
gehörige Angst, jedenfalls Respekt vor den Unge-
tümen; welche uns in unserem Kinderstand noch
höher und mächtiger erschienen, als sie es messbar
waren. Drei Meter hoch manche und an die zehn
Meter breit. Man muss kraxeln.

Ohne Sensen, Schafe oder Ziegen geht nichts in diesem Gelände – oder alles wieder verloren und unter,
an gewonnenem Grasland wie blankem Steinrain.

Anfangs, und durchweg unspektakulär noch,
sprießen aus und setzen sich auf den steinernen
Wälzern fest: Waldrebe, Stachelbeere, Taube Trespe,
Echter Schaf-Schwingel, Schmalblättriger Hohl-
zahn, Blutroter Storchschnabel, Echte Nelkenwurz,
Kratzbeere, Gemeiner Rainkohl, Weißer wie Scharfer
Mauerpfeffer, Große Brennnessel, Echter Baldrian

und Gewöhnlicher Feldsalat die geläufigsten – bei einer Vegetationsbedeckung von 30 %, wie es die Biologen in ihrer papiernen Sprache knistern lassen. Zwischen 50 – 60 % Bedeckung und echter Verwilderung schlagen an und zu: an Sträuchern: Weißdorn, Weißer wie Roter Hartriegel, Faulbaum, Purgier-Kreuzdorn, Stachelbeere, Brombeere und Schlehdorn, an Bäumen: Feld- und Bergahorn, Gemeiner Hasel, Espe, Vogelkirsche und Stieleiche. Wo das Verwachsen fröhlichste Urstände (ohne jede Umstände) feiert, gesellen, eher: quetschen sich hinzu, hinauf und dazwischen: Gewöhnlicher Spindelstrauch, Waldrebe, Echter Hopfen, Rote Heckenkirsche, Traubeneiche, Hundsrose, Kratzbeere und Roter Holunder.

Auffallend ist vor allem, daß alle Gewächse, die irgendwie imstande sind, sich rankend emporzuarbeiten, hier (…) vertreten sind: Rosen klimmen 6 m hoch an Eichen empor (…) [7]

Vor dem Gebüsch allerdings schmückt das Gras. Teils in Massen. Wimper-Perlgras, des Steinriegels mädchen-, ein wenig bubenhaft auch sich zierende, selbstgenügsame Zierde. Schüttel dein strohblondes Haar! Das schüttre Moos wärmt deine Füßchen. Die Flechten umgarnen dich.

Für die Wiese gleich hinter dem Hof, ein halber Hektar Südhang, – Wald extra – haben wir fürs erste

keine Augen. Erst recht keine für ihre mannigfaltige
Ausprägung und den Wechsel des Terroirs vom
Fuß bis knapp unter die Kuppe. Dass sie zwischen
Steinriegeln steckt, ahnen wir nicht. ...[8]

Wenn das Aufhören der Beweidung über größere
Flächen hin erfolgt, so daß Steinriegel und ehemalige
Weingärten darin eingeschlossen sind, so kommt
es zu einem fast undurchdringlichen Neben- und
Durcheinander von kleinen Rasenflächen, Gebüsch,
Wald und mehr oder weniger stark bewachsenen
Steinriegeln. Oft ist fast keine Möglichkeit mehr, sich
dort zu bewegen. (...) Es kommt hier lokal zu geradezu phantastisch schöner Ausbildung von einer Art
»Steppenheide« mit sehr großer Artenzahl und
höchster Mannigfaltigkeit. Allerdings nur kurzfristig,
da naturgemäß mit der eigentlichen Bewaldung
auch die Zahl der Bodenpflanzen wieder zurückgeht.
Es herrscht eben dort, je nach Bewirtschaftung, ein
sehr labiles Gleichgewicht.[9]

... Der Kopfwald oben dräut verwunschen herab,
eine umgekehrte halbe Tonsur, die man dem Berg in
früheren Zeiten, im 16. Jahrhundert vielleicht, ver-
passt hat –, auch was die Größenverhältnisse angeht
verdreht. Viel Wiesen, wenig Wald. Halbseitig wenigstens. Wobei das eine relative Angelegenheit ist,
denn der Wald erweist sich als alte, mächtige Sache.
Über dem hangparallel verlaufenden Wirtschaftsweg

kommt das eigentliche Dornröschengebiet, lauter
Stockausschläge, historische Niederwaldnutzung, die
letzten Hiebe zig Jahre zurück. Ein Dickicht aus
lauter Mehrfachbäumen, ein Vexierbild, das nicht nur
die, nie kommenden, Sonntagsausflügler narrt; jeder
Baum ruft: Hier bin ich! Hier bin ich! Und ist bereits
hinter seinem Doppel- und Dreifachgänger verschwunden. Nach ein paar Schritten darin bin ich verhext.

Im zweiten Jahr, im September 2012, kommt das
erste eigene Mähen. Ich, der Feinmechaniker, fluche
den Balkenmäher – den Gashebel rechts, die Kupp-
lung links – drei, vier Stunden den Hang hinauf
und hinunter, im Windungsgang, wie ins Herz von
Minotaurus' Labyrinth. Zwei Apfelbäume mit tief-
hängender Krone lassen mich in demselben halb ritu-
elle Verbeugungen vollführen. Auf ab, auf ab, Kopf
wie Füße wie Hang. Zweitaktmischung und Zweibei-
ner geben ein eigenartiges Stelldichan. Die Wiese
offenbart sich allerdings auch im flachgelegten
Zustand noch nicht. Am Hangfuß viel Heu, oben
kaum etwas, dazwischen leidlich.

Wer den Boden nicht begreift, der begreift gar
nichts von dem, was obenauf abgeht. Sämtliche Hänge hier mit Kalkgeröll überzogen. Das Spatenblatt
geht vier, fünf Zentimeter tief und schlägt an. In der
Erde blitzt's. Im Ohr und Handgelenk schmerzt es.
Eisen auf Stein. Schotter, Fauststeine, unterteller-

große Brocken, Servierplatten, Wagenräder, Zentner-
kaliber, halbe Kälber. Die Erdauflage ein Treppen-
witz, den es mit dem Regen zu Tal spült. Weshalb es
dort, am Hangfuß, in Graden wüchsiger ist. Zur
Kuppe hin, wo der Hang flacher wird, karg und kärger
ohne Ende. – Wie unten, so oben. Die Biologen
und Geologen – je nach Blickrichtung: hoch oder
tief – sprechen von Trockenrasen.

»Wer die Schönheit angeschaut mit Augen, / Ist dem
Tode schon anheimgegeben.« – Dort, dort oben.

Das Extreme treibt seine extravagantesten Blüten.
Grenzgängerische Geschöpfe zwischen Hungern,
Dürsten und Betteln um ein Maximum an Sonnen-
brand: Wärme und Licht. Welche Platz um sich
herum brauchen. Zum Strecken. ...

Sonst streckt sie's nieder.

Zum Kinderkriegen. Zum Luftbaden. Die keine
Konkurrenz dulden noch ertragen. Keinen Dünger
und kaum Wasser. Ihre Eleganz und Raffinesse
ist zuweilen so abgelegen und schräg wie ihre Namen.

Kleine Eberwurz, Stängellose Kratzdistel, Bärtiges
Hornkraut, Acker-Wachtelweizen, Zypressen-Wolfs-
milch, Dornige oder Kriechende Hauhechel, Rauhaarige
Gänsekresse, Spinnen-, Bienen-, Hummel-Ragwurz, ...

... Stängelumfassendes Hellerkraut, Bärenschote
(Süßer Tragant), Zottiger Klappertopf, Grauscheidiges
Federgras, Pyramiden-Kammschmiele, Zierliche
Sommerwurz, Herbst-Drehwurz, Taubenkropf-Leim-
kraut, Ohnhorn ...

Märchenbuch!

Wer weiß schon, daß mitten in Franken eine der
letzten urwüchsigen Pflanzengemeinschaften der
Nacheiszeit feurig blüht, aromatisch duftet, fast
immer nur in schmalen Bändern, felsig ausgesetzt
(...) Gemeint ist die Steppenheide. ...

Gräters überbordende Spr ache, dem Gegenstand
gemäß wie Maßschuhe dem Bauern bei der Feld-
arbeit – mein Kopf zwischen Abwinken und mitlei-
digem Mitblühen.

... Der (...) Pflanzengeograph Robert Gradmann
hat diesen Begriff geprägt. Er meint damit jenen,
extrem der Mittagssonne ausgesetzten, knochen-
trockenen, steinscherbigen Florenstreifen, der
sich bei uns meist zwischen Weinberg und Wald-
kappe erstreckt: Stauden und Gräser, untermischt
von trockenen Moosen und Flechten, schütter
durchwachsen nur von zwergwüchsigen Sträuchern,
überragt allenfalls von Wacholder und ein paar
kümmerlichen Bäumchen. ...

»Biogas, die universelle Energie von morgen«,
verkündet das kleine, schlicht blau-weiß gehaltene
Plakat aus den 1980er-Jahren an der Innenseite
des Scheunentors – und meint es auch so handfest.
Ein Flämmchen züngelt treu im innersten Kern,
umkreist von einer Trias aus drei Ähren (zweimal
Weizen, einmal Gerste), Kuh und Zahnrad, welches
die hofeigene Gär- und Verbrennungsanlage symbo-
lisieren soll, die den hausgemachten Kuhmist in
Gas und das hausgemachte Gas in Energie für Haus
und Hof umwandelt; diese Trias wiederum umflogen –
Elektronen gleich, die ihrem Atomkern huldigen –
von einem kleinen Buch der Sprüche der ewigen
Wiederkehr, ohne Anfang, ohne Ende: »CO_2-neutrale
Energieversorgung« steht da, von oben in Lese-
richtung laufend, »Einsparung von Mineraldünger«,
»Verringerung der Geruchsemission«, »Stärkung
strukturschwacher Regionen«, »Versorgungssicher-
heit«, »Regionale Wertschöpfung«, »Dezentrale
Energieversorgung: 4 Großvieheinheiten versorgen
einen Haushalt«, »Verringerung der CH_4-Frei-
setzung« – und so wieder von oben nach unten nach
oben nach unten. So glaubte und hoffte man damals, die kleinbäuerliche Welt und damit die große,
wenn nicht zu retten, so doch zu reformieren, re-
organisieren, Bauernhand für Bauernland. Von dem
Ausmaß der späteren Verheerungen und der Ver-
kehrung der Biogas-Idee ahnte man, arglos, wie man
war, nichts.

... Die mainfränkische Steppenheide bildet die
letzten Ausläufer der großen Steppen Osteuropas.
Im heutigen Waldklima Mitteleuropas konnte
sich die Steppenheide inselartig nur da halten, wo
extreme Besonnung, Trockenheit und felsiger
Grund keinen Wald aufkommen ließen. Oft werden
diese Heideareale mit den an einzelnen Steppen-
heidepflanzen überreichen Magerwiesen verwech-
selt. Aber während diese Trockenrasen (...) nur
vorübergehende Erscheinungen sind, die der Wald
ohne Mahd oder Schaftrieb sich rasch wieder zu-
rückerobert hätte, stellt die Steppenheide eine vom
Menschen gänzlich unbeeinflusste, urwüchsige,
sich selbst behauptende Pflanzengemeinschaft dar.[10]

KALKGESCHICHTEN 1 Kündigt sich Hitze an,
sind die Stängel von Gewöhnlichem Bitterkraut, Ysop,
Aufrechter Trespe, Dost und Wilder Möhre tags,
spätestens aber abends zuvor mit Heideschnecken
besetzt. Zuweilen nur die Spitzen, zuweilen wie
an einer Perlenschnur aufgezogen. Man hört im An-
sehn der Gehäuse förmlich den Kalk knirschen
unter den Schuhsohlen, zertritt man eine, die noch
unterwegs ist oder es, gestrandet auf dem Betonweg,
nicht geschafft hat. Die solcherart bestückten Stängel: Anzeiger von Wetterwechseln und – im Maß des
Schneckenandrangs – vermuteterweise auch Grad-
messer der zu erwartenden Hitze. Es wäre zu er-
forschen. Zum späten Sommer, in manchem Frühjahr

ebenfalls, ziehen sie sich auch kolonienweise auf den Estrich des Scheunenbodens zurück, nicht im leicht zu erkriechenden Eingangsbereich der Tenne hinter dem Schiebetor allerdings, sondern weiter hinten in die Barren, wo es dunkel und kühl wird.

Wenn meine Schuhe dann zupacken und mahlen, ...

... kehrt dein Besen sie in die stillen Ecken.

Das Heu verschaffen wir händisch; setzen es erst mit beinah aus der Zeit gefallenen Holzrechen auf Schwalmen zum Trocknen auf, ziehen es am nächsten und übernächsten Tag in Portionen, die zwei Mann noch gerade so vertragen können – ob gut oder schlecht, weisen Laune und fortschreitender Tag –, auf einer Riesenplane zusammen, verdrillen je zwei Enden und schultern die Last. Ein Drittel wandert auf uns menschlichen Packeseln bergauf in den Wald, an zwei zuvor ausgespähten offenen Plätzen zu Igel-, Käfer-, Blindschleichen- und Ringelnatterburgen aufgeschüttet und -gerichtet – das Laub des Nussbaums vom Schaukelplatz unten folgt als Deckschicht im spätesten Herbst –, das zweite Drittel schleifen wir bergab auf einen ähnlichen Haufen neben der Holzlege – eine Masse, auf den letzten Touren nur durch Besteigen und mit klopfenden Rechen zu bändigen –, das letzte Drittel mulcht einen aufgegebenen Gartenbereich, der – mit zwei

Tonnen Kalkschotter in den nächsten zwei, drei
Jahren eimerweise, mit Schweiß literweise beschickt
– sich zu einem Gamander- und Distelparadies
mausert. Im Juni und Juli gehen irdische Wolken von
Schachbrettfaltern darauf nieder (und in die Lüfte),
selbst der heikle Kaisermantel verschmäht diesen, so
sagen es Bücher, äußerst süßen Nektar nicht.

Auffallend häufig in der ganzen Rothenburger
Gegend sind die Disteln vertreten. Die Sumpfkratz-
distel (...) mit den vielen kleinen Köpfen, die lan-
zettliche Distel (...) mit größeren birnenförmigen
Blütenköpfen, die stengellose einköpfige (...)
und deren gestielte Abart (...), dann die schönste
von allen, die Wollkratzdistel (...) mit den dicht
spinnwebigen Riesenblütenköpfen, den nach oben-
hin violett überlaufenen, nach untenhin zottig
behaarten Stengeln und den gefährlich bewehrten
Blättern. Eine kleine Streife seitwärts ins Schand-
taubertal läßt uns auch noch die (...) Silber- oder
Wetterdistel finden – Wetterdistel, da sie ihre silber-
weiße Blütenscheibe vor Nebel, Tau und Regen
so trefflich zu schützen weiß –, (...) und den rauhaa-
rigen Eibisch mit echt pontischer Verbreitung (...).[11]

Dass neben den selteneren Spezies — und abgesehen
von der Sumpf-Kratzdistel, welche tonigen und
feuchten Boden verlangt —, auch Unmengen von
Acker-Kratzdisteln sich einstellen, lassen wir, der

Falter wegen, großmütig wie großzügig geschehen, mit gewissen regulierenden Eingriffen. Fürs gepflegte Auge muss solche Wildnis (gleich: Urwuchs) ein Terror sein. Vor dem gelassenen Auge dagegen können Gewächse, denen Ort und Stelle gefallen, nur Gefallen finden. Für uns ist der Terror lediglich Terroir. Die Gegend lesen üben heißt auch, die Gegend lassen üben, dergestalt, wie sie sich gestaltet. Wo wir das Gegenüber (Lehrmeisterin Pflanze) sich begnügen sehen, mögen wir lernen, uns selbst zu begnügen. Genügsamkeit wird zum Vergnügen. Nur dem Eibisch helfen wir auf und siedeln ihn an. Es dauert zwei Umpflanzungen, bis ihm der Platz (gleich: er dem Platz) zusagt.

Mit dem Zusammenlesen des Heus liest du an seiner Art und Menge mir den Boden vor. Du storchst mit dem BLV-Pflanzenführer aus den Zeiten des Gymnasiums, Bio-Arbeitsgruppe, durch die Frühlings- und Sommerwiese und pickst nach Gräsern, Kräutern und blühenden Stauden. Echter Trockenrasen Richtung Hügelkuppe, mit Relikten von Steppenheide an Waldrand und Steinriegelsäumen, Halbtrocken- rasen folgt, beinah mit dem langen Lineal von Stein- riegel zu Steinriegel gezogen, weiter nach unten, den beiden Apfelbäumen zu, Kalkmagerwiese schließ- lich mit Halbtrockenrasenaspekten am Hangfuß – nebst Überbleibseln früherer Ackernutzung: Luzer- nestöcke, mit ihren meterlangen Pfahlwurzen von keiner Dürre kleinzukriegen noch zu schaffen. Wäre nicht der Knollige Hahnenfuß in diesem Feld, von Jahr zu Jahr neue Mütter an neuen Kindern – ein prächtigeres Stelldichein hat mir keine Magerwiese tauberaufwärts des Frühlings bislang geboten –, wir hätten längst umgeackert und neu angesät mittels Heuübertrag aus den oberen Quartieren.

Aufstieg zum Trockenrasen 1 Die Blätter der Karthäusernelke gleichen – auf den ersten, den zweiten – und manchmal auch dritten Blick – denen des Schillergrases und mancher Seggen. Nur wer genau hinschaut, sieht an der etwas dunkleren Färbung und der etwas ausgeprägteren Borstigkeit und Festigkeit, was er da vor sich hat. Die Blüten aber sind aufreizend geschminkt wie die Lippen einer Dirne, zwischen grellem Pink und uraltem, nimmer verwelkendem Kardinalsrot, und grazil wie eine Fee, die sich eine Zeitlang den Menschen beigesellt und deren geheime Schönheitskönigin wird.

In den folgenden Jahren werden wir professioneller. Nach wie vor beschicken wir die Igelhaufen im Wald und bei der Holzlege mit Heu, doch der größere Teil fährt mittels Plane und Ladewagen als Einstreu in einem Kuhstall vor Ort ein. Der Traktor kommt mit dem Autotransporter aus der Dessauer Gegend. Modell »Fortschritt« jubelt die billige zinkblecherne Plakette, die Bedienungsanleitung – gelbe Ähre

auf grünem Grund ziert in dynamischem Vorschub
den Titel – gibt sich prosaischer und spricht lediglich vom Geräteträger RS 09 /124. Geräteträger
deshalb, weil – so vermeldet die Broschüre im
Anhang – seitens des VEB Landmaschinenbaus Tor-
gau eine Palette von Anbauteilen zur Verfügung
gestellt wird; der Handel aus zweiter Hand streut
diese heute, soweit noch vorhanden, unter das Volk.
Unser Traktor ist – großes Glück! – bereits mit
einem Mähbalken – Schneidwerk E 143 /1, weiß die
Broschüre – fix und fertig bestückt, für unsre
Wiesen der Bringer. Mögen die überteuerten Fendt-
Traktoren der 6oer- und 7oer-Jahre auf dem Stell-
platz des hiesigen Landmaschinenhändlers verrotten!
Das Gerüst unsres »Fortschritt« gibt sich in ele-
gantem Rot, die beweglichen Teile wie Felgen und
mittels Hydraulik zu steuernde Gestänge zeigen
sich in frischem Gelb, die Anbauteile in jägerischem
Grün. Die Patina macht die Sache rustikaler, als
es klingt. Ich bin der Fahrer.

Gern trieb ich mich herum, wo gewachsener Fels
anstand in Platten und stumpfen Zähnen, grauer,
gelblicher Kalk; nur dünne, von Schafen kurzge-
rupfte Heidenarbe glänzte dazwischen. An solchen
Orten schien mir viel Günstiges. Wärme nistete
da, trockenes Arom von Kräutern. Die Flora der Steppenheide, feurige Farben, kurzer und zäher Wuchs,
ledrig, dornig, das sagte mir zu. Später ließ ich mir

erklären, daß in der Tat solche Stellen unserer Landschaft früh Menschen angezogen hatten, zu flüch-
tiger Station, dann zu dauerhafter Niederlassung.[12]

AUFSTIEG ZUM TROCKENRASEN 2 Hier hat der
Mensch keinen Platz. Seine Stimmbänder werden
nicht gebraucht. An das Trommelfell schlagen die
Grillen. Die Augen registrieren eine Art Taub-
stummensprache, die sie nicht zu lesen vermögen.
Ehrfurcht fixt das Gedärm. Die Schmetterlinge
balgen sich in der Luft, dem fremden Element. Aus
jedem zweiten Erdloch quetscht sich eine Hummel.
Die Wildbienen tragen Farben wie Ordensbänder.
Abzählreim: Ene-mene-buh, drauß' bist du; drauß'
bist du schon lange, Wicht; denk bloß dran, wie
alt du bist. – Sie sind viel älter.

AUFSTIEG ZUM TROCKENRASEN 3 Vieles hier duckt
sich weg. Nur wer sich bückt, besser noch: in die
Knie geht, sieht diese Pflanzen. Kleine Wohltat der
Augen: Augentrost. Tannengrün die gezahnten Blätt-
chen, von fester Machart, derart gegen die Hitze
gewappnet. An Spitzentagen steigt das Thermometer
in Bodennähe auf 55 Grad. Sie wäre gern ein Stief-
mütterchen geworden und hat sich doch Lippenblü-
ten verordnet. Der cremefarbene Grund zeigt sich
neckisch lila gestreift und bleibt dabei äußerst dezent;
ein dotterfarbener Fleck kleckst mitten auf der unteren, weit vorgeschobenen Lippe – der größere

Lappen von beiden, ein Landeplatzangebot mit
Positionslicht, um den Fluggast in die Wölbung des
kleineren, ins Reich der Bestäubungs- und Nektar-
organe zu lotsen –, wie ein schöner Bubenstreich.
Teppichflecken von Frühlings-Fingerkraut zwischen
den Schöpfen der Trespe; an den Rändern wächst
es sich aus, über die Felsflur weg. Sonnenröschen mit
ledrigen Blättern. Die Flaschenputzer der Zypressen-
Wolfsmilch sprießen in Halden gleichfalls fast auf
(aus) dem Stein und Kalkgrus, unentschieden zwischen
Silber, Blaugrün und etwas – ja – Kalk. Das Nickende Leimkraut vom Hungern ausgezehrt, überschlank,
windig – und doch standhaft, die Blätter wehren
sich als Lanzetten gegen die Umstände. Seine Ster-
nenblüten stecken in einer aufgeblasenen halben
Miniatur-Schweinsblase, braun-beige, aufs Äußerste
abgeschabtes Pergament, schwindlig dünn, entsprechend knistert es darin. Sind die Samen reif, werden die geblähten Dinger zu Kinderrasseln.

... die weniger Auffälligen, die sich unter diese
farbenfrohe Gesellschaft mischen wie Waldruhrkraut
(...), Bergvermeinkraut, Berghartheu, kahles Turm-
kraut, nickendes Leimkraut und gelbe Wiesenraute
(...), besitzen wirksame Anlockungsmittel, die aus-
findig zu machen jedem »Naturforscher« ein kurzwei-
liges Stündchen bereiten wird. Nur vom nickenden
Leimkraut (...) sei näheres verraten. Seine weißen
Blüten hängen tagsüber wie verwelkt und verblüht

ohne jegliches Ansehen am Stengel. Abends aber blühen sie auf und brennen dann wie weiße Lichter in die Nacht hinaus. Bald sind sie von langrüsseligen Nachtfaltern umbuhlt und befruchtet. Außer der weißen Blütenfarben hat die Falter besonders der betäubende Hyazinthenduft gerufen, den das Leimkraut um Mitternacht entsendet, just zur Zeit also, in der ihre Bestäuber fliegen. [13]

Du verharrst am Wiesenrand. Ich schlage mich ins Gebüsch. Hinter Haselnusssträuchern, die sich zu halben Bäumen ausgewachsen haben, Appellreihen wilder Zwetschgen in kruder Auflösung und einer mit Stacheln bewehrten Einfach-, Doppel-, Dreifach-Bastion an Schlehen kommt meine Expedition zum Stehen. Ein mit Hopfenschlingen, Waldreben, Buschwerk überwachsenes Bollwerk sperrt Sicht und Durchweg. Ich erklettere eine gut hüfthohe Trockenmauer, die mir in dem ruralen Durcheinander als solche nicht vorkommt, und sehe den Steinberg vor mir, spüre ihn mehr noch in den Füßen, die aufwärts stapfen. Schotter, nochmals Schlehen, Hartriegel, Zeugs, das mir zwischen die Beine langt, brennt, haut, reißt mit eigentümlichen Zähnen und Klauen, scharfe Hunde, rufe dir etwas wie »Berg heil!, Land unter!« zu und weiß noch immer nicht recht, wo ich hier bin. Obwohl ich die Gegend kenne und wie die Vorfahren sie möbliert haben. Steinriegel, fällt es mir ein. »Hier ist einer! Ein Riesending!«, rufe ich von

hoch oben zu dir herab, Richtung Wiesengrund,
wobei keiner den anderen durch das Dickicht sieht.
Die Vögel suchen Deckung. Ich stolpere zurück,
trete Steine (kneipmäßig oder welche los), turne die
Trockenmauer abwärts in die Dornen, komme frei,
mache mich frei, die Nacht tritt mir (oder sich)
in den Hintern, macht erst blau, dann schwarz.

Dieß ist hauptsächlich von den Mayn-Tauben und
Kocher-Gegenden zu verstehen – wo das Aug'
nicht selten im steinigten Arabien zu seyn wähnt.[14]

Haushohe Aufschüttungen kannten wir, an deren
Flanken der Hartriegel mit karmesinfarbenen Ruten,
die wilde Kirsche mit silbrigen Stämmchen auf-
schoß. Hasen und Vögel raschelten. Solche Wälle
schirmten den Wind ab, sie speicherten Wärme und
Feuchte. Immer mußte ich mir vorstellen, wie
diese riesigen Schütten gewachsen waren; alle die
Hände sah ich, ihre unendliche Mühsal, ihre Hinfäl-
ligkeit, borkige, gichtige Hände. Frauen, Halbwüchsi-
ge, Alte vor allem mochten diese Arbeit verrichtet,
Jahre um Jahre die Steine in Körben gesammelt
haben ... Um ein paar Fußbreit Land geschah das ...[15]

Was mit den Jahrhunderten an freigeräumtem
Land und mit ihm an Humus zu Tal geht, erzählt der
gewesene Luzerneacker. Die Magerpflanzen sind
froh, die Hügel und Menschen eine Last los.

Im Hohenloischen unter anderen, sieht man in jedem Frühjahr, ganze Schaaren von Menschen (beyderley Geschlechts) die steilsten Berge – gleich den Gemsen – hinanklettern; um die herabgerollte tragbare Erde, Buttenweis, vom untersten Fus des Berges, bis auf den steilsten Gipfel desselben zu schleppen.[16]

Du willst die Steinriegel blank und arabienhaft daliegen sehen wie ehedem. Im hellsten Sonnenlicht das Kalkgrau kaum von einem Weiß zu unterscheiden, flirrend, als hebe etwas gleich ab, ja von Sommer zu Sommer, von Sonne zu Sonne nur bleicher werdend. (Von uns zweien nicht zu bewältigen.) Wir beantragen. Der Landschaftspflegeverband begutachtet. Die Gebietskulisse steht unter Schutz, man entbuscht. Ende Oktober 2013 rücken vier Mann mit Motorsägen an und säbeln vor und auf dem kleineren Steinriegel links und dem großen rechts kurz und klein, was nicht dringend für die Vögel gebraucht wird. Die lange Hecke zwischen dem linken Doppelsteinriegel bleibt, wie sie ist. Der Heckensaum vor dem Wald kommt auf Stock. Beidseits der Karmauern, Steinrasseln, Steinrutschen – auf welchen Namen immer sie *nicht* hören – brennen von oben nach unten die Feuer, dem Weg des Schnittguts nach. Am letzten Arbeitstag, in der Nacht auf den ersten November fällt der erste Schnee, nur eine Gaze davon. Darunter leuchtet die Glut. Fest (ein Fest?)

und orange. Es gibt ein Foto aus der Zeit, wie du –
das Kopftuch piratengleich um den Kopf geschlagen,
selbiges hell, schwarze Hose, schwarze Jacke –
in der Hocke, als wolltest du ein dringendes Geschäft
erledigen, neben einer der ausgebrannten, asch-
grauen, beinah wüstenhaft-arabischen Feuerstellen
kauerst – der große Steinriegel wölbt sich rechter-
hand vorerst noch wie ein Erdwall auf – und
verheißungsvoll in die Linse schaust, als belichte sie
deine Zukunft. Fünf Tage dauert das heilsame
Gemetzel. Die letzte Esche, die du den Männern
noch abbringst zum Fällen, schaffen sie nicht mehr
fort. Sie liegt, in Stücke zerschnitten, als Totholz
am Fuß des großen Riegels.

Es gibt ein Foto von dir aus der Zeit, wie du neben
dem Holzvergaserkessel im Heizraum stehst, den
Kinnbart schelmisch spitz gereckt, den aufblitz-
enden Anch-Anhänger um den Hals, den du mit
deinen Feinmechanikerhänden gesägt, gefeilt,
geschweißt und poliert hast aus deinem geliebten
Edelstahl-Werkstoff, die graue Kuba-Kappe mit
dem Schild in den Nacken gedreht, die geballte Faust
der einen Hand auf dem Kesselrand, den Daumen
der anderen lässig in die Hosentasche geschoben, die
Schürhaken reihen sich hinter dir an der Wand. So
lachst du, die Lippen halb aufgewölbt, halb verknif-
fen, in die Kamera und wartest auf das erste An-
schüren mit dem Holz aus den Steinriegeln.

KALKGESCHICHTEN 2 Wie bei vielen Gebäuden
im Dorf sind auch die Rustikablöcke für das Sockel-
geschoss unseres Hauses aus den Massengräbern
des Hauptmuschelkalks gehauen. ...

Keuper ist vorzugsweise Wüsten-, Muschelkalk
vorzugsweise Meeresboden. (...) Das Meer, das unsern Muschelkalk niedergeschlagen, war eigentlich
nur eine seichte Meeresbucht des abgrundtiefen
Südmeeres (...), von dem unser heutiges Mittelmeer
nur ein kümmerliches Überbleibsel ist (...) [17]

Man spricht von der Versteinerung der fränkischen
Dörfer im 19. Jahrhundert, als das Fachwerk den
grauen Blöcken wich. In unserem Dorf zähle ich die
verbliebenen Fachwerkhäuser an einer Hand. Scheu-
nen und Nebengelasse nehmen sich aus. ...

Wer in diesen Brüchen nach Fossilien sucht und
statt auf die erwarteten Muscheln auf nichts ande-
res als Kalk und immer wieder Kalk stößt, wird
nicht begreifen wollen, warum man diesem leeren
Gestein den Namen Muschelkalk geben konnte – ...

... Einzelne offenbaren dabei eine spröde Lückigkeit,
welche zugleich eng gepresst daherkommt, als
wäre die Versteinerung unter eingeblasener wie dem
System aufgezwungener Druckluft abgelaufen. Unser
Auge sucht – stöbernderweise, ohne rechten Halt –

Rautenmuster, Trapeze, Wellenformen, wo keine
sind – oder sich nur fragmenthaft, ineinander
verkeilt, verdrückt, geborsten und verschoben ihrer
ansichtig werden lassen.

... bis er endlich doch eine Bank findet, die den
Namen (...) mit einiger Berechtigung führt. Es ist
die Bank der Terebratula vulgaris, eine reine
Anhäufung dieses perlmuttschaligen, rundlichen
Fossils aus dem Geschlecht der Armkiemer,
Armfüßler oder Brachiopoden. Ein uralt Geschlecht,
jetzt im Aussterben begriffen (....), mit zwei-
klappiger Schale wie die Muscheln, aber pflanzen-
haft mit einem kurzen Stiel auf dem Meeres-
boden angewachsen. Die Bauchklappe läuft in einen
Schnabel aus, durch die der Stiel hindurchgetreten.
Die Stelle ist als rundes Loch noch sichtbar (...).
Die von einem festen, meist spiralig aufgerollten
»Armgerüst« gestützten Kiemen (daher der
Name Armkiemer) erfüllen fast das ganze Innere
des Schalenraumes (...).[18]

In den aufgelassenen kleinen Steinbrüchen, wie
sie beinah vor jedem größeren Dorf oder in den Weinbergen anlagen, kann man Platten klopfen mit
einem leichten Hammer – wie dünnste Mürbteig-
schichten brechen sie einem in manchen Bänken
unter der Hand auseinander – gespickt mit elfen-
beinglänzenden Stielgliedern, graublau eingelegten

Fischschuppen, pechschwarzen Echsenzähnen in
Form einer Bohne – der, mehr oder weniger präg-
nante, Abdruck einer gerippten Austernschale (kon-
vex oder konkav, hohl oder gefüllt, wie die Platte
unter dem Schlag vielleicht glücklich aufspringt) ist
der leichteste Fund, ...

Die traditionelle Weinbaulandschaft umfasste
nicht nur Weinberge und Steinriegel, sondern auch
eine ganze Reihe weiterer Elemente einer mosaik-
artigen, kleingliederigen Kulturlandschaft: die (...)
Schafweiden entlang der Hangkanten, kleine Stein-
brüche an geeigneten Stellen, Steinlagerplätze
sowohl für Lesesteine als auch Zwischenlager für
Mauersteine, Trockenmauern in reicher Zahl,
Quellen und Brunnen, Zisternen, Wasserrinnen,
Hohlwege und vieles mehr (...) [19]

... bei uns liegen Friedhöfe davon um das Haus
verstreut. Auf den Fensterbänken – Muschelkalk, wie
könnte es anders sein – am Treppenaufgang und
vor meiner Werkstatt stellen wir sie aus, zusammen
mit einem längs auseinandergebrochenen und
mit Holzleim wieder zusammengefügten Seeigel,
einem Wirbelstück, einer Knochenschaufel, vielleicht
aus der Hüfte, Flintsteinen, anderen Halbheiten.

Bonebed – Beinbett nennt man das zertrümmerte
Haufenwerk von Wirbeltierüberresten aus Zähnen,

Schuppen, Wirbeln, Flossenstacheln und Kotballen.
Sintflut, Wirrwar denkt der einen Anker im Schlick
suchende Geist – und langt nach der Bibel.

... verraten immer einen ehemaligen Meeres-
strand, dessen Brandung diese Tierreste zur Un-
kenntlichkeit zerrüttelt und zerrieben hat.[20]

AUFSTIEG ZUM TROCKENRASEN 4 Zwischen Kom-
passlattich, Mauerpfeffer, Schmalblättrigem Hohl-
zahn und Augentrost pflanzt eine Massenabordnung
Rosslauch auf dem Steinriegelbuckel, wie eine aus-
geschickte Faschingsprinzengarde. Die Zipfel der
Zwiebelhauben enorm in die Länge gezogen, wie die
Mutter den Lausbuben bei den Ohren (oder umgekehrt, im Geist wenigstens?). Entsprechend lächer-
lich. Oder bewunderungswürdig, wie der Bub
immer noch (oder gerade deshalb) grinst und sich
den nächsten zu zündenden Kracher ausdenkt.
Ist die Zeit reif, springen die Kappenzipfel in der
Mitte auseinander und – bonbonwerfend –
sprengt es die sanft rosig-violetten Glockenblüten
wie an Jokerfäden in die kurze und kleine Welt.
Braun und schlapp hängen die Samen nach kurzer
Brunft, der Bub ist schnell zum Greis mutiert.

In (...) vielen Fällen werden wir nicht anders können,
als mit unsern Pflanzenseelenforschern zu gehen,
die in einer »Pflanzenseele«, in einer Urteilskraft

der Zelle das zweckmäßige, sinnvolle Handeln
der Pflanze begründet sehen und die nicht in der
mechanistischen, blind zufälligen »Auslese«,
sondern im Bedürfnis die Ursache aller inneren und
äußeren Anpassung zu finden glauben.[21]

AUFSTIEG ZUM TROCKENRASEN 5 Kriechende
Hauhechel wirft ihre Arme wie zum Sonnenbad
(oder sage ich besser: divenhaft?) auseinander. Jeder
Zweig und Zweigfortsatz ein Dorn. Ein Schmerz.
Ein böser (oder augenzwinkernder?) Scherz. Tief
drachengrün, mit scharfen Zähnchen (wie Diamanten
für die Dame) rundum besetzt die Blätter. Die
aufgebrezelten – pink, rosa, pink, angeschmiert!,
lauter Knaller –, mit pflanzeneigenem Botox aufge-
spritzten Blütenlippen zwischen alter Nutte und
Karneval, nicht ganz ernst, nicht ganz ohne Harm.

AUFSTIEG ZUM TROCKENRASEN (RANDSTÄNDIGES:
SAUMFLUREN) Im Hochsommer fällt (...) der
tiefblaue Farbschimmer auf, der (...) den Boden
unter den Eichen und dem niedrigen Buschwerk des Waldes bedeckt. Bei näherem Zusehen
löst er sich auf in tausend und abertausend
blühende Waldwachtelweizenbüschlein (...), in ein
wahrhaft berückend prächtig Farbenwunder
von sattestem Blau, brennendem Gelb und feuri-
gem Rot. Es gibt keine schönere Blume in unserer Heimat (...)! ...

Scherzers Schwärmen – der Wandervogel schießt den
Vogel ab. Mein Zeigefinger pickt an die Stirn.

… Auch keine klügere und besorgtere, insbesondere
keine so restlos ihre Pflichten als Mutter erfüllende
Pflanze. Mit geriebenem Geschick stellt sie ihre
obersten Laubblätter in den Dienst der Insektenan-
lockung. Ihre wohl leuchtend gelben, am Grunde
feuerroten, aber doch etwas zu kleinen Blüten
übten zu wenig Anziehungskraft auf die Blumen-
gäste aus. Da verwandelte sie ihre Hochblätter
in herrlich blaue Schaublätter und die erstrebte Far-
benfernwirkung war erreicht![22]

AUFSTIEG ZUM TROCKENRASEN 6 Halb stehende,
halb schiebende Faschingszüge, Funkenmariechen:
Der Kugelige Lauch kleckert durchs Revier. Glotzt
her! Wer klotzt nicht? Ein Puschelchen in tiefernstem
Lila, das sich das Lachen kaum verkneift. Aus den
Blütenkelchen blecken die weißen Griffel, als wärn's
mit Kalk oder Softeis beschmierte Ätsch-Zungen.

In Francés »Leben der Pflanze« (…) lesen wir
über Randblüten: »… Es wurde uns kein Wort darüber gesagt, daß solches doch unmöglich von
Insekten angezüchtet sein kann, sondern einer Handlung entspringen muß, und zwar dem Ergebnis
eines Einverständnisses zwischen den Blüten desselben Köpfchens, wodurch nur einige veranlasst

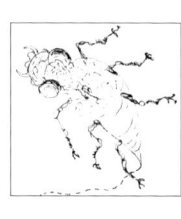

Bernd Marcel Gonner   ISBN 978-3-931140-71-7
Großes Rasenstück *Gedichte*
mit Illustrationen von Michael Blümel

Unser Acker ist der Himmel ...
Ingeborg Bachmann Landnahme

werden, ihren Bildungsstoff auf den »Schauapparat«
zu verwenden (...) ...«[23]

Du stöberst herum.

Der kleine Doppel-Steinriegel entpuppt sich als
Depot für allerlei unverrottbaren Hausmüll aus einer
Zeit vor der geordneten Abfuhr; auf dem Land war
man lässig mit dem Lästigen. Von den Flaschen, Ein-
weckgläsern, von der durchgebrannten Birne ge-
schwärzten Lampenschirmen klaube ich mehrere Gum-
miwannen voll aus dem Laub- und Erdmull, unter
Wurzelwerk und ungnädigem Rindenmulch hervor,
ungewaschne Handkarrenware für den Container,
auch scharfe Exemplare stecken im Boden, haufen-
weise, von Witterung, Wurfkraft oder Wut auf das
unabgängige Zeug geborsten, zersprengt, verscherbt,
blecherne Pillendosen, Plastikröhrchen für Tabletten
– Batterien an Stimmungskanonen darunter –,
Handcreme- und Zahnpastatuben verblichener Mar-
ken oder von solchen aus den Kindertagen ihrer
Fernsehkarriere, Kleingewerbekanister für Pflanzenöl
und sonstigen (An-)Schmierstoff für den Preis-
bewussten und Qualitätsvergessenen, ordentliche
Flechtsandalen für den Schweißfuß, der rechte im
Gestrüpp, der linke unter einer Ladung ausrangierter,
gleichwohl gehorteter Dachziegel versunken, von
Hausschuhen bloß Sohle und weiche filzige Zunge,
ein Paar Stallstiefel, die sich unter aller Schur und

Belastung gut und knautschig gehalten haben
und mich, stülpte ich sie über, sogleich zu meinem
an einer Hand abzählbaren, tuberkulosefreien
Milchkuhbestand trügen – Emma, Paula, Berta, Lena
und Martha –, Ofenrohre: Teil-, Winkel- und
Bruchstücke von solchen, samt dazugehörigen Schel-
len, in allen Stadien des Eisenfraßes, Eimerrelikte
(Henkel an zahnlückigem, deshalb besonders bissi-
gem Blechkranz hängend), ein Ölfass, das sich
in eine Weide verwachsen hat (oder sie sich in das
(geliebte?) Fass), wer weiß, Sprungfedern aus-
geschlachteter Matratzenroste (deren Holz fuhr
brauchbar und redlich noch in den Ofen ein),
von Hopfententakeln gewürgt (ohne Malz, das eh kein
Gott erhält) oder mit ins Drillwerk gestopftem
Laub aufs ungeahnt, unerwartet, erfreulich Neue ge-
polstert, eine Taschenlampe, Kastenmodell, auf den
Gürtel zu fädeln für allerlei nächtliche Hofgänge und
Werkelrunden, welche freie Hände benötigen, *mit*
Batterien bestückt, ausgelaufen bis an den Nordpol,
eine Mistforke ohne Stiel (oder verfault oder verheizt
oder als Stickel zum Bohnen- oder Tomatenanbinden
zweitverwendet), ein Sauzahn für den Bauerngarten
(welcher wieder in Gebrauch genommen wird!),
versottete, unter Schnee und Eis gesprungene Ziegel-
steine, ein Gutteil der Werksteine des abgegangenen
Backhäuschens, das sich als Bogenrund samt Rück-
sprung im Mauerwerk dem kundigen Auge an der
Außenwand der Küche weiterhin zu erkennen gibt —

die Tage biegen sich, während ich meine Forschun-
gen auf dem Feld der jüngeren menschlichen Sied-
lungs- wie Verfallsgeschichte anstelle (oder sie mich),
formschön in den spätherbstlich kühlen Abend –
im Unterschied zu den zurückgelassenen Lebensres-
ten, die ich (mir) da ergrabe. Man müsste ein kolos-
sales Schwein schlachten, gerade um diese Jahreszeit,
zur Feier der großen Säuberung! Metzelsuppe, Wur-
stelküche, Knochenkracherbrühe – die ganze Palette
an ländlichen Festlichkeiten rauf und runter – und
die geborgenen Einmachgläser, Fleischkübel, Mes-
serklingen, Spülschwämme täten erneut ihren Dienst.
Kreisläufe. Mir läuft es kalt den Buckel herunter.

Es gibt ein Foto von dir aus dieser Zeit, auf dem
du mit Bubenlachen und in Altmännerklamotten in
die Welt schaust. Ausgelatschte Turnschuhe an
den Füßen, die schwarze Hose mit einem knappen
braunen, zweimal – von Farbe und Länge her –
unpassenden Gürtel zusammengehalten, unter dem
Karohemd lugt ein rotes T-Shirt hervor. Du stehst
vor dem aufgeschobenen Scheunentor und hältst unseren altgedienten Handkarren an der Deichsel wie
einen Schatz. In der Wagenwanne stapeln sich Knäuel
von Drähten, ramponierte Plastikeimer für Kraftfut-
ter, Blechstücke, Vorhangstangen, eine gusseiserne
Herdplatte, ein schlaffer, wiewohl noch nicht schlapp-
machender, von Wind und Wettern gezeichneter
Karton, ein Ofenrohr mit Winkelstück ragt wie der

Schornstein einer Kinderdampflokomotive aus
dem Schrotthaufen – im sichtbaren Barren der Scheu-
ne stapeln sich zwei Irgendwo-Fundeimer für den
allfälligen Einsatz zu Land und zu Wasser vor einer
niemals in Gebrauch genommenen Toilettenschüssel,
die sich unter dem Schmutz in Grund und Boden
schämt – ein Wasserklosett auf Halde für die neue
Zeit, während weiterhin das alte Plumpsklo im
Einsatz war — so wartest du wie ein frischgebacke-
ner Lokführer auf das Signal zur Jungfernfahrt,
die doch nur zu den Containern stets bergauf, stets
schweißab ins Dorf oben führt.

Aufstieg zum Trockenrasen 7 Hirschwurz-
Haarstrang, eine Meute Halbstarke, mir über die
Brust, großer Zampano, volles Rückgrat, die Schirm-
köpfe der größeren Stärke und Eintracht wegen
beieinander – was willst du, Alter? – belagert den
Durchweg vom Wald her. Spuckt auf den Trocken-
rasen und sein Gekriech und Gelichter. Weiße
Schwalbenwurz mit Sonnenbrille versehen. Mondän.
Andere Gesellschaft. Hält sich mehr am Rand,
Status verpflichtet. Giftig ist sie, lese ich, Schafe und
Ziegen machten einen Bogen drumherum. Auch
das zum Habitus passend, das Rühre-mich-nicht-
an! – aber Sieh-mich-gefälligst-an! Hell- in dunkel-
grün ädert sie die Blätter, Schlangenleder, wie mit
Lack überzogen. Brillant. Was sie sonst zeigt, verbirgt
sie eher dezent und lenkt umso mehr die Blicke. Fünf-

46

spitzig die Kelchblätter der Blüten, knapp versteckt,
umso anziehender, leicht anzüglich, eine Dame, die
sich als Mädchen gibt, welches die Unschuld vom Land
spielt und den Boulevard unter den Absätzen hat,
eine Wachsarbeit, scheint es, ungemein nobel. Creme-
farben, Korso, kleiner Rennwagen unter der Haube.

AUFSTIEG ZUM TROCKENRASEN 8   Der Anfang wie
das Ende; Knospen wie Samen: bräunlich, Transparent-
papier für Kinderbastelarbeiten. Ebenso arglos. In
der kurzen Blüte dann – im Gegensatz zur Schwalbenwurz, die nur so tut als ob –, die *echte* weiße Unschuld, durch die dottergelben Griffel, die sie aus
ihrem Schwanenhals schiebt, nur noch (an)rührender.
Ästige Graslilie. Wie der Name, so die Gestalt. Ein
Strich, ein Akzent, niemals Rufzeichen. Fort. Wenn
die schwarzen Samenkügelchen aus den Hüllen
gefallen sind, macht man die Mutter kaum mehr aus,
außer, man sucht (wenn man weiß, wo) – und
selbst dann schaut man meist mehrmals, eh man sie
hat. Ein dürrer brauner Halm, fast kahl, bald ab
und aus. Am Boden bei der Maus. Den Aufrechten
Ziest sieht man ebenfalls bloß, wenn er blüht
(oder man zu schauen weiß). Sonst gibt er sich strup-
pig und unansehnlich. Ruppig sogar. Rauer Blatt-
verhau. Die Lippen der Blüten entschädigen für nichts
und alles. Ein helles Lila mit tiefvioletten Sprenkeln,
als ginge es zur adventlichen Einkehr. Fast schon
büßerisch. Rorate caeli desuper. Tauet, Himmel, ...

Wendet euch um! Aber nicht ab. – Wir tun's und sehen ihn weiter an.

Wie im kleinen Steinriegel gibst du auch in der Holzlege den saubren Halbgott im Augiasstall. Aufgehoben wurde, was immer tauglich schien für einen zweiten, dritten, vierten oder fünften Einsatz. Die beiden zusammengeschusterten Regale, in denen sich die falschen Schätze stapeln, selbst so eine Zweitverwendung; früher womöglich in der Speisekammer zu Diensten. So auch die Schubladen mit den resopalbeschichteten Fronten, in denen sich Wäscheklammern mit rostigem Federwerk, Schläuche für abgegangene Landmaschinen, eine Gießkannentülle, das Sieb einer solchen, ein Schleifstein in Originalverpackung, zerlegte, nie mehr zu einem Ganzen zu zwingende Schraubzwingen, plattgetretene wie noch eben federnde wie bocksteife Einlegesohlen, ein mürbes Bündel Karopapier, zeigefingerdicke abgebrochene oder abgekaute Bleistifte, Kugelschreiber ohne Minen oder Minen ohne passendes Gehäuse, Kindermalkreide, eine kleine Schiefertafel, Gläser mit Dichtmasse, andere mit giftgelb oder stechapfelgrün eingedickter Flüssigkeit, sei's Schmiermittel, sei's schlimmer Pflanzenschutz, ein eingebautes Vogelnest, ungekämmte Schafwolle, zum Spinnen vorbereitete, ein abgelegter Spülschwamm, Moosgummi, Blechabschnitte, jeder von anderem Maß und anderer Stärke, Türbänder,

-klinken, -scharniere, Nockenwellen schichten,
anrempeln, niederknüppeln, die Ein-, Zwei-, Fünf-
Liter-Blechdosen mit einem Nagel- und Schrauben-
sortiment, das sich niemals gewaschen hat und
von dem sich kaum zwei Stücke gleichen – oder sämtliche gleich sind, aber einen in der Presse fehlge-
schlagenen Kopf haben, Plastikeimer, welche Rohre
mit unbrauchbarem Withworth-Gewinde bergen,
zwei proper leuchtende Prilblumen-Kittelschürzen,
eine blaue Feldarbeitshose aus Drillich, ein Arbeits-
kittel von selber Farbe und Machart, eine Miele-
Waschtrommel, eine Saftpresse, in der Tomatenste-
cken klemmen, Schuhwerk für Gelegenheiten
diesseitig von Oper und Kurfürstendamm, Joghurt-
eimerchen am kleinen Henkel, Keksdosen, Papp-
schachteln – das Elend packt dich und lässt dich erst
wieder los, als du die Dinge packst und los bist
(gleich: sie in der Tonne sind). Später reut es dich.
Du hättest ein ungebautes, doch vielmals bedachtes
Museum mit Installationen *zum* Stoff und *mit/*
aus dem Stoff »Schaut, welche Lebensschlacht« beschicken können. Die Möglichkeitsform der Ver-
gangenheit (»hättest ... können«) räumt wenigstens
den Kopf frei, wenn schon nicht das Leben.

Wie die Dinge kommen oder gehen auf dem Magerrasen – oder:

Revue (ohne jedes Au revoir)

Die Wiese sieht uns an.

Anders als die toten Dinge.

Schläft ein Lied in allen Dingen, / Die da träumen
fort und fort, ...

Die Weinbergstulpe mit den grasgleichen Blättern
macht den Anfang mit ihren gelben kleinen Posaunen,
die Schlüsselblumen bimmeln aus ihren unzähligen
Nestern (welche Arznei!), halb keck, halb verschämt-
versteckt, Frühlings-Fingerkraut, Sonnenröschen
und Knolliger Hahnenfuß machen dicht, Geläut wie
Flor, – lauter niederwüchsige und doch so hoch-
fahrende Sachen. (Die Blüten der Frühlings-Segge
allerdings muss man suchen.) Das Mausohr-
Habichtskraut dampft unter seinen Schirmchen. Die
Zypressen-Wolfsmilch hat Hunger an Sonne auf
mehr! So bekommt der Frühling sein Gelb ab. Allem
vorweg aber tüpfeln Kleinblütiges Hornkraut
und Frühlings-Hungerblümchen den fast blanken
Grund – und sind mit dem nächsten warmen
Wind fort. Der Mittlere Wegerich fährt seine silber-
grauen Antennen (oder sind's Puderquasten,
Flimmerhärchen, nur aufwärts gereckt und ein wenig
gestärkt?) aus zum Spiel gleich mit dem nächsten ...
(nun purzelt eh alles durcheinander!). Nur die
Knack-Erdbeere, die reckt sich – weiter dort unten
in ihrem Grund, weißer (heißer) Scheinriese. ...

Wir steigen beim Wildbad hinab ins Tal (...) ...

Der Salbei peitscht bäurisch-festes Blau durch
die Wiesen, der Lein die ätherische Seite davon (ob
Österreichischer oder Stauden-, oder beides im
Mix – ihm ist es gleich), ...

... Wenn dort im Gebüschwald der erste Frühling
außer den Seidelbast und die Küchenschelle kaum
noch einen andern Frühblüher geweckt hat,
dann lockt mit üblem Geruch ein stattliches Gewächs
die ersten fliegenden Bestäuber. ...

... der Ehrenpreis zwittert – auch wenn er der Große
genannt wird – herum, Heil'ger wie Hure, der
Natternkopf schießt vom Blau durch ins Rosa- oder
Lilafarbne, ist er von Bienen beglückt, ...

... Es ist die stinkende Nieswurz (...), eine Giftpflanze
mit handförmig geteilten Blättern und grünen
Blütenglocken. (...)

... wie am Martinstag eine Laterne leuchtet die
Braunelle großblütig-großmütig (wie schon ihr Name)
jedem heim (– ist das Jahr denn schon um?) ...

Der April bringt als besondere Überraschung die
wilde Waldtulpe (...) an den Hängen unterhalb der
Stadt, im Sommer fällt (...) besonders auf ...

Der Sommer prangt, in Rot, Violett, zugekauftem
Blau, allen Abarten, Mischtönen: ...

... fällt unter den Uferpflanzen besonders auf
ein riesenhafter Schirmblütler, der bis 2 ½ Meter
hohe Erzengelwurz (...), ...

... Karthäusernelke, Tauben-Skabiose, Wiesen-
und Skabiosen-Flockenblume, Acker-Witwenblume
am Anfang wie End' (hartnäckig, wie sie ist), Bü-
schel-, Rapunzel-, Rundblättrige, Acker-Glocken-
blume (was für ein Leuchten die erste! − und die
anderen: bummeln bloß ... um sie herum? (läuten an)
− oder stets nur um sich selbst?), Bunte Kronwicke,
kaugummigleich weiß-rosa gestreift wie gescheckt
(kau(er)t am Rand), die Schopfige Kreuzblume
gleichfalls marginal, Kleiner Wiesenknopf, Wirbel-
dost, Heilziest, Kalkaster, Kugelköpfiger Lauch,
Gemeiner Gamander, Dornige gleich oder ungleich
Kriechende Hauchechel (wer kennt deren Mischpo-
kendrang schon so recht auseinander?), Moschus- −
und, selten, hierher versprengt von Wegdamm, Bö-
schung oder Rain − Rosen-Malve; Gelb fährt erneut
ab und kreuz und quer durchs Gras mit Horn-,
Feld- und Hufeisenklee (Wundklee auch hie und da
− (sch)au!), Echtem Labkraut, Johanniskraut, Rauem
Alant, vom Wiesen-Pippau nur dessen Löwen-
zahn-im-Brudernamen-Klau, Kleinem oder (gehupft
wie gesprungen) Zottigem Klappertopf (der Rest

vom Frühjahrsfest), Raukenblättrigem Greiskraut,
Dürrwurz, Odermennig, Letztere schon die eher
räudige Sparte ... – nur die Weiße Lichtnelke strahlt
tapfer fort – ... wenn aber die Trespen blühen, ist's,
als regnete es Gold wie Zwergen-Lametta (samt
falschem Glitter und Zirkus-Streu) ...

... der weißpelzige deutsche Ziest (...) neben
dem unscheinbaren aufrechten Ziest (...), die hohe
Reseda luteola mit den langen rutenförmigen
Blütenfackeln, der quirlblütige Salbei (...) – ein selte-
nerer Verwandter des bekannten Wiesensalbei, ...

... an allen Ecken und Enden sträubt sich der
Wilde Dost, von Purpur bis pfeffrigem Prinzesschen-
Pink, bald das dreckige Weiß der Wilden Möhre,
die's langsam angeht, aber ausdauernd, wie Hochzeits-
tüll sich durch und über die Wiese legt; weitere
schmutzige Kandidaten in Sachen Weiß tun's ihr gleich
(oder machen's ihr vor), das Wiesen-Labkraut
(im Nachspiel noch einmal, doch manchmal bloß)
geschmeidig, die Schafgarbe (selten hier eher)
kratzig, der Aufrechte Ziest fortweg genös, die Bergminze federleicht, doch flügellahm, wie sie ihre
begatteten Blüten Tag für Tag zu Boden rieseln lässt,
das Nickende Leimkraut zickig, voll Eigensinn
(und duftet! – nur des Nachts), die Ästige Graslilie
rein wie die Preis- und Sieger-Blume der Märtyrer
(und himmeln! ... sich halb zu Tode!) ...

... die schwarze Nachtkerze (...), deren Blüten
den Hummeln außer Blütenstaub und Nektar noch
bläulich purpurne »Futterhaare« anbieten und
deren Blätter unter der Lupe gesehen mit einem
wattigen Haarfilz der prächtigsten Sternhaare
(...) überzogen sind.[24]

Zuletzt schäumt die Goldaster ihr Versprechen
auf Reichtum und Entlohnung für die Plagen durchs
Gelände. Und was an Knabenkraut war und Bocks-
Riemenzunge im späten Frühjahr und zeitigen Sommer, haben wir unterschlagen (oder für uns bloß
versteckt und geheim so gehalten aus Schutz vor den
Neidern und gierigen Fingern). Nun stehn nur
die trockenen Stängel und mahnen – an nichts ...
als an das, was gewesen. Nur die Herbst-Wendel-
orchis findet noch ihren Platz, auf dem sie sich
drehn darf in ihrem Glückskarussell bis zum Frost.
Wenn er denn kommt, vor dem Schluss des
Rummels.

Die Wiese sieht uns an.

Anders als die toten Dinge, die du aus Steinriegel
und Holzlege gefischt hast.

Schläft ein Lied in allen Dingen, / Die da träumen
fort und fort, / Und die Welt hebt an zu singen,
...

54

Ach – geht's noch ein bisschen kleiner, größer, höher, weiter?

Triffst du nur das Zauberwort.

Bis zum Himmelszelt!

Rorate caeli desuper! Tauet, Himmel, ...

Die Schaukel haben wir abmontiert. Wir brauchen sie nicht mehr für unsere Höhenflüge.

Unsre Hände aber sind rissiger geworden und ge-zeichneter als von dem bösen Schaukelseil damals, als wir ankamen –, von der Arbeit.

Was mir's an Mühn auch wiederkäut,
Blümlein auf der Heide,
Was Sens' sich dreht, was Rechen heut,
Tu' ich dir zur Freude.

Bernd Marcel Gonners Essay »Sediment und
Sedum« vergegenwärtigt in einer ungewöhnlichen,
streckenweise kunstvoll experimentellen Montage-
form elementare Naturerfahrungen: Das Grundgerüst
bildet ein episodenartiger Bericht von der sehr
bewusst gewählten bäuerlichen und landschaftspfle-
gerischen Arbeit in einer historisch gewachsenen
Kulturlandschaft, dem Steppenheiden-Gebiet der Kalk-
steinhänge des Oberen Taubertals. Eingeschnitten
in die erzählerischen Episoden sind Zitate aus ortsbe-
zogenen geologischen, botanischen, landeskund-
lichen und lokalhistorischen Sachbüchern, aber auch
Pflanzenlisten, literarische Einsprengsel, einzelne
Wahrnehmungssplitter. So entsteht ein dichtes Ge-
webe verschiedener Textelemente, das nicht nur
die Landschaft, die Bodenbeschaffenheit, die Vegeta-
tion, das Tierleben mit großer Intensität vorstellt,
sondern die physische wie die mentale ›Einarbeitung‹
in das Gelände nachvollziehbar werden lässt.
Gonner gelingt das in der deutschsprachigen Litera-
tur seltene Kunststück, das Erleben unmittelbar
körperlicher ›Arbeit an der Natur‹ durch avancierte
literarästhetische Mittel sowohl sinnlich fassbar
zu machen als auch diese Arbeit in große historische,
naturkundliche und kulturelle Kontexte zu stellen.

DER TASCHENHERZ(S)TRICK, BLUTROT
REDE ANLÄSSLICH DER ENTGEGENNAHME DES
DEUTSCHEN PREISES FÜR NATURE WRITING 2021

Regen

verschlammte die Wege,
Sommerregen,
wie weggemäht
von einem Sonnenblitz.

Die Kleider dampften. Und Licht
war wieder im Taschenspiegel,
der ganze Himmel
in der Vogelbrust.[1]

– der ganze Himmel / in der Vogelbrust.
Spüren Sie den Zug?
Man möchte auffliegen, mit diesem schweren,
plötzlich leichten Körper. Und tut es auch. In diesem
unvermittelten Moment.
Ich kenne ihn.
Als Kind war ich oft im aus Zeit und Welt gefallenen Trockenrasengebiet am Laudaer Galgenberg
unterwegs. Muschelkalkbänke, in jähen Abbrü-
chen anstehend längs der Pfade. Oben gingen die
Wolkenschübe. Die Kalkaster bog sich mir ent-
gegen. Zerzaust. Himmelslastig. Urzeitig. Selbst halb
Stein. Ein Vis-à-Vis, als wäre etwas aus meiner

Brust herausgeschnitten – und säße da im Kalk.
Und pochte – auf etwas. Bloß worauf?

Da war er: der Spalt. Mein Herz, das in einer
Blume schlägt. Annie Dillard schreibt in »Pilger am
Tinker Creek«² immer und immer wieder von
dieser Drift. Gemütsplattentektonik.

Mit 11, 12 habe ich mir einen kleinen Kinder-Garten
angelegt. Auf Brachland. Ich wollte die Wildpflanzen
um mich herum versammeln. Das Herz (meins!)
sollte hier seinen Platz finden. Selbst Erdrauch und
einjährigen Ackerrittersporn habe ich ausgegraben
und mir in meinen Garten geholt. Vieles hat nicht über-
lebt. Ich wusste noch nichts von dem Zusammen-
spiel von Untergrund und dem oben sichtbaren Pflan-
zenleben (was das Kind so sieht eben ... und (nicht –
oder doch?, aber eben nur:) be-greift ...). Umso
eifriger habe ich nachgepflanzt. Eine Hütte habe ich
mir auch gebaut, in diesem Un-Garten-Gelände.
Einem langen Folientunnel gleich. Aus Baustahlge-
webe und aufgeschnittenen Torfsäcken. Sogar ein
alter Küchentisch mit abgesägten Beinen fand darin
Platz. (Und ich meinen.) Meine Großmutter war
großzügig (und lässig – ohne nachlässig zu sein).
(Sie wusste: Da wächst es – er – sich gut.)

Eigenartigerweise, wie es der Zufall will, kommt
uns heute, auf unserem Hof am Dorfrand, fast täg-

lich ein kleiner Junge besuchen, etwa so alt wie ich damals. Die Magerrasenpflanzen ziehen ihn magisch an. Ich zeige ihm meine Stellen, er mir seine. Er beschreibt mir das Gesehene so plastisch, man könnte es vom Fleck weg zeichnen. Mit dem Bestimmungsbuch in der Hand läuft er herum und lernt die Namen. Ein Stück ist es, als blickte ich in einen Spiegel und sähe mich selbst als 11-, 12-Jährigen. Nun legt er einen Trockenrasen-(Un-)Garten an. Sogar Ackerrittersporn ist dabei. Ich sage (sonst viel, in dem Fall allerdings) nichts – und lasse ihn seine Lektion(en) lernen.

Der kartierende Biologe schreibt von einer unserer Magerwiesen: *Artenreiche Salbei-Glatthafer-Wiese in einer schmalen Wiesenparzelle zwischen zwei Steinriegeln auf dem Südwesthang. Die Wiesenstruktur ist gekennzeichnet durch eine spärliche bis mäßig dichte Obergrasschicht mit Glatthafer und eine mäßig dichte Untergrasschicht. Am Oberhang dominiert die Aufrechte Trespe die Mittel-/ Obergrasschicht. Der Bestand ist niederwüchsig bis mittelhochwüchsig. Im Aspekt der Wiese fallen lokal die zahlreichen Pflanzen des Klappertopfs auf. Der Anteil an Magerkeitszeigern ist sehr hoch. Nährstoffzeiger fehlen. Zum Teil sind Magerrasenarten beigemischt. Am Oberhang, wo nach Aussage der Bewirtschafter 2014 entbuscht wurde, sind besonders viele Magerrasenarten beigemischt. (...) Die Wiese wird einmal im September gemäht[, weshalb] (...) Arten der mesophytischen Säume, wie Gewöhnlicher Dost,*

[eingestreut sind]. Es folgt die Litanei der *Bewertungs-relevanten Pflanzen*.

Spüren Sie die ungeheure Fremdheit? Von Mensch – oder beschriebener Landschaft — oder beidem?

Wenn ich im Gelände der Trockenrasen über unserem Hof unterwegs bin, ein, zwei Stunden – die Zeit verfliegt mit den Bienen, Hummeln und Schmetterlingen dort – komme ich jedesmal verändert, gezeichnet zurück. Ich rede nicht von den Schrammen und Stacheln. Etwas (was?) hat mich berückt. Ein Stück weit (oder gar viele Stücke weit) ver-rückt. Verzaubert wäre ein zu billiges Wort. Ver-zückt. Und ich zucke gleich. – Denn es sind lauter Kippfiguren. Von größter – höchster (und tiefster) – Nähe, als wollte ich mich hineinsuhlen in das Gelände (was ich körperlich nicht tue, die Seele aber tut's), und gänzlicher Fremdheit. Als würde ich mit jedem Schritt nach unten, über Stein und Bein, ein Gewand ablegen, das nicht meins ist – und nie war. Aber den Rückblick – nie kann ich den Rückblick lassen ...

Da ist er: der Spalt. Annie Dillard schreibt in »Pilger am Tinker Creek« ohne Unterlass, blutrot im Faden, von dieser Drift. Mein Herz pocht.

Um unseren Hof wächst heute ein sich selbst versamender Garten heran. Man kann es kaum einen

Garten nennen. Die Eingriffe sind – im Vergleich zu einem herkömmlichen – unerheblich. Beherzt schon zuweilen, sonst wächst sich alles (und mir sowieso) über den Kopf, aber ohne Lässigkeit (ohne Nachlässigkeit) geht nichts. Andere, vor allem die Jünger der großen Ordnung, die Nachbarn meiner Mutter zum Beispiel, würden verrückt werden darüber.

Aus den Spalten der Trockenmauer an der Hofauffahrt sprießt Jahr für Jahr der Erdrauch. Ganz von selbst.

Der kartierende Biologe schreibt von besagter Magerwiese: *Eine Besonderheit stellt das Vorkommen des Österreichischen Leins am Oberhang dar.*

Unten, der Mensch (es sind zwei), der in dem kleinen Steinhaus wohnt, stellt keine Besonderheit (mehr) dar.
Immer noch habe ich den Wunsch, in einem Bauwagen zu leben. Meinetwegen einen Bad-Küchenbauwagen als Dreingabe. Und womöglich (sicher!) einen für die Bücher. Aber das Haus ist eben da.
So benutzen (erhalten und ehren) wir es. Vom Bauwagen zum sich versamenden Garten wäre es nicht mehr weit. Vom äußeren wie inneren Weg her. Es ist einerlei.

Und Licht
war wieder im Taschenspiegel,
der ganze Himmel
in der Vogelbrust.

Spüren Sie es? Der Taschentrick, der Taschenherz-
strick, blutrot, das Taschenspiel, der Taschenspiegel
funktioniert! Was für ein Vis-à-Vis! – Der Vogel
ist gelandet. – Nur wo? Oben oder unten?

Ich danke Ihnen für den Deutschen Preis für
Nature Writing, mit dem Sie meinem Schreiben von
der Natur zu seinem Fliegen verhelfen. Und zu
seinem Haus unter den Menschen. Es darf ruhig ein
Bauwagen sein. Man kann rasch ein- und ausgehen –
und ist gleich mittendrin – in der ... sage ich: Natur?

Die silbernen Posaunen des Lobs
(ungehaltene) Rede anlässlich
der Entgegennahme des Deutschen
Preises für Nature Writing 2021

Dem »Śatapatha Brāhmaṇa« zufolge ist der Mensch
das einzige Tier ohne Haut. Nicht von Natur aus,
sondern weil die Götter ihn einst häuteten und seine
Haut der Kuh gaben. Diese Wunde heilt nie. Sie
steht stets offen, vor aller Augen. Die Kleidung als
zweite Haut verbirgt sie bloß. Sie schwärt und
brennt und treibt uns. Die Vorgeschichte dazu ist
lang und wird nie hinreichend zu erzählen sein: die
der – wie Calasso es nennt – »schwierigen, un-
erklärlichen Differenzierung des Menschen von den
anderen Lebewesen, die ihren Höhepunkt erreichte,
als es gelang, alle diese Lebewesen unter einem
einzigen Wort zu versammeln [ich möchte sagen: sie
zusammenzuwingen] [3]: *Tiere.*« [4] Das Volk, von dem
uns die Veden überliefert sind, setzt in der Folge
immerwährende Opfer-Rituale in Gange, Praktiken,
die es dem Menschen erlauben – und im besten,
gelingenden Falle ermöglichen –, sich wieder mit der
größeren Natur zu vermischen, wenigstens im Voll-
zug dieser Opfer. Deshalb sind die Opfer, so weit es
geht und der Opfernde imstande ist, durchzuhalten
und sie durchzustehen (denn sie sind furchtbar,
aufwändig, zehrend, fordernd, Details von Details
sind zu beachten), immerwährend.

Es ist der 11. August 2021, ein Spätsommer-Spät-
nachmittag. Ich bin im Trockenrasen-, ja Felssteppen-
gelände am Unteren Berg (wie prosaisch, der Name,
für das, was kommt), zehn Fahrradminuten von meinem Dorf entfernt, der Weiler Schirmbach vis-à-
vis auf der Höhe im Blick, unterwegs. Oben auf der
anderen Höhe, über die ich komme, die Ackerflächen. Vereinzelt noch Mähwiesen, nicht die mageren allerdings. Die fetten und satten. Wie habe
ich sie satt. Hier in der ein paar knappe Kilometer lang-
gezogenen Klinge, reine Südlage, ist alles anders.
Schlagartiges Inselgefühl. Purer Süden, Griechenland
zum Beispiel. Das, was man gemeinhin »aus der
Welt« nennt. Und zwar völlig. Keine Menschenseele.
Außer meiner. Ich knie am Rand einer, der einzigen,
mageren Mähwiese am Hang, selbst beinah ein
Halbtrockenrasen – wie alles drumherum trocken
und trockener, mager und mägriger wird. Die Steppe
vor, neben (links, rechts), hinter und unter mir.
Nichts als Grillen im Ohr. Hitze am Boden. Ich lese
die Pflanzen, die, zwischen teppichartig und eine
aufgestellte Handbreit hoch, wenn es hochkommt,
hier – ich finde das Wort, das Tunwort nicht –
siedeln? Schon viel länger da sind, als wir je da waren.
Frühlingsfingerkraut in ganzen Eroberungszügen,
mit der Knackerdbeere innig vereint im Kriechen und
Sich- und die Welt um sie herum Verschlingen,
immer wieder (und viele!) Thymianflecken und -büschel
(oder sage ich Buschen, wo sie sich zu niedrigem

Sträuchlein-Krautzeug, was weiß ich, ausgewachsen
haben?), jetzt in heller Blütenaufregung, so turnen
es die Bienen und Hummeln jedenfalls vor, die
Küchenschellen, seltsam frisch im grünen Saft, dicht
an dicht geschmiegt, verhakt, verlobt-verliebt,
Eichenblättriger Gamander, zwischen Restblühn und
Samenbilden (lauter Nüsslein!) im Werden, Kriechende und / oder Dornige Hauhechel (so genau kann
man die Geschwister nicht auseinanderhalten –
und sie paaren sich sogar miteinander!), noch ist
etwas von den (auf)reizenden fast fettig rosafarbnen
Lippen zu sehen, Gelbe Skabiose (eine Grußhand
hoch diese), Labkraut, nur Echtes, aber ein Zwerg
(zwischen Zauselbart und kleiner Kratzbürste
die An- oder Zu-Mutung), Zypressen-Wolfsmilch, auf
allen möglichen (un)gebilligten Plätzen (frech,
unfromm, ich bin so frei!), Süßer Tragant, versprengt,
die Fiederblätter schon harsch (hält seine Klapper-
büchsen bereit), andres schon durch: Stängelumfassendes Hellerkraut (nur das Ständerwerk mit
letzten Samenschüsselchen steht noch, leer und braun
(und vergilbt, bis zum bitteren End') – als Rest
(Nachfest?) vom Fest –, die Samenkörnchen selbst
von den vielen Prasselregen dies' Jahr längst ver-
schnalzt), die Knabenkräuter mit ihren ebenfalls braunen, hohlen Stängeln aber heben ihre – wie nennt
es Celan? – »mitbetenden Schoten«⁵ wie zum Dank-
opfer und aufrechtgestellt, Rückgrat immer, in die
Luft (stoße ich daran, stäubt es, (Weih-)Rauchopfer,

ganz vor-katholisch – und die Finger duften
danach etwas zwischen Vanille, Moschus und Aas,
jedenfalls ungeheuer menschen-tierisch – und
brünstig sogar), die Stängellose Kratzdistel tut es
ihrerseits am Boden in Sachen Samen, lauter Gewöll,
das da liegt auf der stachel- – *ihre* Zähn' und
Klauen – -bewehrten Unterlage der zähen, zickigen
Blätter (die stechen! was für ein Schmerz!), kaum
Gras –, etwas Aufrechte Trespe –, hie und da, manchmal auch mehr, Kalk-Blaugras in Miniatur, fast
so tief-geduckt, als fiele ihm der Himmel gleich auf
den Kopf! – und fort, im Boden verschlupft und
verschwunden auf Nimmerwiedersehn –– ich robbe
voran, wieder das Tier des Anfangs (die Veden allerdings erzählen die Geschichte Darwins andersherum:
dass die Tiere einst *auch* aufrecht gingen, sämtliche,
und, da sie Opfer wurden des Menschen, *des* Raub-
tiers über den anderen (Raub-)Tieren, aus Furcht vor
der Tötung nicht mehr vermochten, diesen ihren
aufrechten Gang zu bewahren, und so auf alle Viere
sanken und dort verharren bis heute), schiebe
mich auf Händen und Füßen übers naheliegendste
Gelände, den kurzen Umgriff meines kindlichen,
kindischen Kriechens – und werde (mache mich?) so
bald selbst zum Opfer. Ohne es zu merken. Und
merke es – jetzt, im Rückgang – doch. Überall blaken
die Opfersteine aus dem kaum von krümelndem,
zuweilen sandigem, staubendem Lehm bedeckten
Boden. – Der manchmal noch etwas satt ist vom

letzten Regen. – Wirklich überall. Ich würde sagen:
auf Schritt und Tritt, kröche ich nicht. Es ist heiß.
Der Schweiß läuft. Ich leide, lobe und kriech-
knie. Manche der Steine, die da aus der Erde ragen,
groß genug zum gekrümmten Hinlegen. Hocker-
stellung. Frühe Grabhaltung. So auf den Stein gelegt
denke ich mich mir. Neben der Losung der Tiere.
Neben den Kernen, welche die Vögel hier liegen
lassen. Wozu? Warum *hier*? Welcher Gott sieht das,
mein Opfer und sagt, dass es gut ist? Ach Gott …

Oben auf der Höhe die Äcker. Die Erde, die wir
uns gleichgemacht haben. Die Haut abgezogen: *ihre*
Haut, die sich – hier, in diesem Gelände,– zusam-
mensetzt(e) aus all dem, was ich unten in der Klinge
mir erlese, erkrieche und somit – ungewollt (oder
doch niedergezwungen, von wem, von was?) – anbete?
Das war die Welt vor dem Menschen in der Trennung.
Wir haben sie gehäutet und, so weit unsere Macht
bislang reicht, zur Wunde gemacht. Und tun fort. Bis
sie eine einzige Wunde ist. Wie *wir*, nach vedischem
Denken, eine einzige Wunde sind. Die vedischen
Riten, die rituellen Praktiken, die unablässigen Op-
ferhandlungen dieses dunklen (woher? wohin?)
Volkes mit ihrer (seiner) geradezu besessenen Gewis-
senhaftigkeit, kann man nur begreifen, wenn man
sie an der (gedachten) Ausgangslage des Menschen
misst: gehäutet, in völliger Wehrlosigkeit und reinem
Schmerz. Jetzt lassen wir die ganze Erde schreien.

Wehrlos ist sie ohnehin. — Oder doch nicht?
Die Hitze, die Wirbelstürme, die Regengüsse en
masse, die Murenabgänge und Erdrutsche ...

Zwischen den blanken Äckern auf der Höhe und
der hautüberzogenen Klinge tut sich ein Spalt auf.
Ein imaginärer Spalt. Manche, die Alten, nennen
ihn Seele. Dort schreit die Wunde. Die, die wir der
Erde zugefügt haben, und unsere. Wer hören kann.

Als Heranwachsender wollte ich Priester werden.
Katholischer, natürlich. Das Messopfer. Wort und
Ritual nicht voneinander abzulösen. Vier Worte
zu dieser Tat (den Kelch heben zum Beispiel), ein
Satz zur nächsten (eine Kniebeuge zum Beispiel),
minutiös, Schritt für Schritt mit zunehmender Macht
und Mächtigkeit zu vollziehen. Bis zur Erschöpfung.
Vom Aufgang der Sonne bis zum Untergang. Das
reine Opfer. Wie sagen die »Brāhmaṇas« immerfort:
Der Opfernde macht dies. Der Opfernde macht das. Und
so fort. Ohne Ende.
Auf anderen, langen Wegen bin ich nun, in kleinem
Maßstab, Landschaftspfleger geworden – und
Dichter. Oder sage ich: Schriftsteller? Was oder wem
stelle ich in welcher Rolle nach? Welche Obsession
treibt *mich*? Oder gehören beide Rollen gar zusammen zuweilen?
Als der Abgesandte der Elf Sokrates den Schierlings-
becher brachte, fragte Sokrates, »ob es erlaubt sei,

von diesem Trank [den Göttern] ein Opfer dar-
zubringen«[6] – so wie es der Brauch sei. Der Abgesandte antwortete, man zerreibe von dem Gift lediglich die Menge, die man zu trinken für nötig halte.
Was hieß: »die zum Töten notwendige Menge.«[7]
Sokrates blieb nichts, als das Gebet zu sprechen. Nur
die Formel. Der Geste ledig. Frei im Raum. Konnte
es so zum Äther aufsteigen? Zeitigte es seine Wir-
kung (nicht)? Das Trankopfer wurde ihm verwehrt.
An der Scheidelinie von Leben und Tod wurde es ihm
verwehrt, Wort und Handlung als untrennbares
Ganzes zu vollziehen. Das Wort ist seitdem allein.

Es ist der 11. August 2021, besagter Spätsommer-
Spätnachmittag.
Ich lese das Gelände.

Der nicht mehr beschrittene, der
umgangene Thymianteppich.

Nein. Bekrochen. Berochen. Bekifft davon. Das *soma*,
die Rauschdroge der Veden. Bekniet. Angebetet?

Eine Leerzeile, quer
durch die Glockenheide gelegt.

Schon eher. Doch ich korrigiere und lege, indem
ich aufschreibe und Zeuge bin, Zeugnis ab-lege –
mein Gott, ist das hoch und groß gesprochen! – eine,

viele viele Zeilen durch die Heide. Die Rapunzel-
und Rundblättrigen Glockenblumen sind auch da.
Ich habe sie vergessen, vorhin. Wie so vieles da ist,
das ich nicht genannt habe. Beim Namen. Den ich –
den wahren, nicht den der Biologen und Lands-
leute – nicht kenne, nur versuchsweise, in menschlichen Worten, stammle. Stemme. Vom Boden in
die Luft, den Äther hebe, da, wo die Sprache wurzelt?
Wurzeln schlägt? Verpufft? Die drei Wetterkiefern,
einträchtig, so scheint es (was lesen wir, was lese ich
schon?), in einer Gruppe am Rande der Heide bei-
sammengerückt. Zaudern sie? Schaudern sie? Rührn
sie sich bloß nicht eine Weile? Oder stehn sie schon
je so da? Nur immer weiter ein Stückchen aufwärts,
was lange dauert in diesem steinigen, beinigen
(»boanig« sagt der Bayer – und meint »zäh«) Gelände.
Der Wachholder[8], doppelmannshoch, kleinhaus-
küchenbreit. Dreihundert, fünfhundert, was weiß ich,
Jahre auf dem Buckel. So habe ich ein ganzes Jahr
samt einer Dreingabe von vielleicht einem halben Jahr
von diesem Gelände geschrieben. 2018 und 2019.
Nature writing. Die Natur schreiben. Die Natur *schreibt ihn*,
höre ich stets mit. Als Raunen, als Hauch, als Auf-
ruf zum unabwendlichen Opfer. »Wilde Saaten« heißt
das dem Arbeitsschweiß Abgerungene. »Landschaften / Land schaffen im Kalk- und Kratzdistelgelände« steht deshalb darunter. (Hätte ich nicht
besser »schuften« geschrieben? Wer schafft am Ende
wen?) Der unvergessliche Hitzesommer damals.

Brandopfer. Auf dem Altar der nackten, der bloßen,
der wieder reinen Erde? Meine Güte! Was rede
ich!? Annie Dillard hat in »Pilger am Tinker Greek«
einen ähnlichen, *ihren* verrückten Ritus vollzogen.

Nichts in den Windbruch getragen. (...)

Nichts? – Aber ...! Die Diasporen der Knabenkräuter
freigelassen, freigesetzt als Opferrauch. Weihrauch,
ganz vor-katholisch. Und doch so eigen-artigst
katholisch. Das unblutige Opfer. (Vor-sintflutlich.
Kein Pakt mehr nötig zwischen Mensch und
Gott / Göttern.)

Eines meiner frühen Gedichte (ich war vielleicht
18, 19), die ich nie veröffentlichen werde, geht so:

Gehölze, den Hang hinauf, der Sommer
scheint wiederholbar
in den Gräserkuhlen, stumpf, blaut der Himmel
darüber geschaut, betastet in Worten,
Steinwürfen,
die Zeit bis zum Niederfallen

Da sind sie schon: die Worte. Da ist es schon: das
Tasten. Da ist er bereits: der Bund zwischen beiden,
zwischen beidem (man, *ich* kann's eben nicht lassen,
auch wenn es getrennt ist seit Sokrates' Tod!) –
Wort und Tat. Nicht bloß *Tatort. Tatwort.* Die Opfer

gehen allerdings als Steinwürfe zum Himmel.
Und kehren zurück. Als Segen?

Wir wissen es nicht. Wir können nur abwarten.

Steinschlag, Hartgräser, Zeit.[9]

Sagt Celan. So endet sein »Sommerbericht«.

Bis wir weich werden. (Die Hitze, die Wirbelstürme,
die Regengüsse en masse, die Murenabgänge und
Erdrutsche ...)
Dazu die »zwei silbernen Posaunen des Lobs«[10],
die Annie Dillard zu hören, anzustimmen? meint.
Was für ein wunderbarer, schräger, irrer Missklang.
Wann – endlich – zu vernehmen? Meine Güte!
Mein Gott ...!

Ich danke Ihnen für den Deutschen Preis für Nature
Writing, mit dem Sie mein Schreiben von der Natur
in das Licht rücken, das ich ihm schon länger,
nur insgeheim, so dass ich es oft selbst nicht wusste
und merkte, erhofft habe. Es ist nicht das Sonnenlicht, in dem die Pflanzen und das Gelände oben
stehen. Das ist unhintergehbar. Es ist ein sehr
menschliches Licht. Gerade deshalb danke ich Ihnen
dafür.

WILDE SAATEN

LANDSCHAFTEN / LAND SCHAFFEN

IM KALK- UND KRATZDISTELGELÄNDE

EIN JAHRESLAUF (2018/19)

Alles begann mit Ulrike Draesners Bitte, ihr zu
berichten, »wie das Jahr so läuft« – und so erzählt
»Wilde Saaten« das im Essay betretene Gelände
über volle eineinhalb Jahre, vom Dürresommer 2018
bis zum Un-Winter des folgenden Jahres. Was –
im Süden Frankreichs – dem großen Naturforscher
Jean-Henri Fabre sein ödes Stück Land auf seinem Harmas mit seiner Insektenfülle, sind hier – in
diesem anderen Süden – dem Erzähler seine oft
unscheinbaren Magerpflanzen, Heuschrecken, Grillen, Eidechsen, Falter, Wildbienen wie -hummeln
auf den mit Kalkgeröll überzogenen Hängen der zu
den Tälern führenden Klingen. Der Erzähler liest
sein Gelände genau und poetisch, das Zusammen-
spiel von Terroir und Pflanzengestalten. Im Wechsel
von Schauen, Tätigsein und Erkennen vollzieht
sich in beinah romanhaftem Sog ein Jahreslauf zwischen Menschenschweiß und dem Leben dessen,
das nicht sät und nicht erntet. Die Exkursionen ins
Zupackend-Handgreifliche wie Allerkleinste erzählen
von Fremdheit, Nähe, Anziehung und Abstoßung
zwischen und unter allem Geschöpflichen, von unter-
gehendem Kleinbauerntum und damit verschwin-
dendem Stolz und Rückgrat, von innerer wie äußerer

Gefährdung, lauter Kippfiguren, Schürfungen und Schürfwunden, reale wie geistige, – und sind am Ende nicht weniger als Herzklopfen und Kopfschütteln zugleich vor (und von) der großen (Er-)Schöpfung.

Ulrike Draesner, die Stück für Stück Mitleserin des Entstandenen war, schreibt im September 2018: »(...) alles aus erster Hand (...) Las sie eben wieder. Nun ist der August weit(er) weg – und leuchtet umso mehr aus deinem Text. Mit aller Wärme und Trockenheit des Jahres '18. Spüre ihm das Gelebte, Körperliche, die Erfahrung mit schönster Präzision und Sinnlichkeit an.« Und im September 2019: »Ich habe (...) mich, endlich, dem Naturleben auf eurem Hof wieder angeschlossen. Ich lese und will sofort in den Juni zurück. Toll. Kann alles sehen und riechen und hören. Und lerne so viel dabei: über Grillen und Schmetterlinge etwa. Und Regen. Und Steine. Wünsche mir das als Buch – um es mit einem Stift lesen zu können.«

19. Juli 2018: Ein Stück der unteren Wiese hinter dem Hof gemäht vor wenigen Tagen. Das Heu zusammengerecht, umgewendet. Heute nachgemäht, mit der Sense, wo störrisches Gras stehengeblieben ist oder die Krakenarme mancher Luzerne. Beim Aufnehmen des Heus eine Blindschleiche halb in die Hand mir gespielt, vom Sensenblatt zweimal,

dreimal aufgeschlitzt. Gedärm wie Perlen. Bleich und furchtsam, wie es da hervorlugt, schrecklich kostbar, immer aber tödlich, wenn es sich zeigt. Ich bette die Blindschleiche, deren Geist ich noch als jäh da erlebe, unter einen Alant, der gerade am Aufblühen ist. Seine kleinen Sonnen sollen sie begleiten.

10. September 2018: (...) Heute weiter mit dem Balkenmäher. Die Schwaden zwischen den Mähspuren wegen der vielen, spreizfingrigen Samenstände der Wilden Karotte wie zu einem spontanen Erntedank aufgerichtet. Restgras, Kräuter, Erde: dürr. Über die ganze Wiese verstreut, teilweise dicht an dicht, Dostnester, selbst diese bereits durchgeblüht; nur die Karthäusernelken zeigen noch vereinzelt ihren Purpur, die Stängel dabei noch etwas im Saft, gelblichgrün. Fast alle Samenstände, die ich mit flüchtigem Blick passiere, stehen leer da. Die Flockenblumen, Ackerwitwenblumen und Skabiosen(-Arten) halten ihre ausgeputzten Blüten(unter)teller ins Licht. Bei diesen zuweilen das Laub noch von einem bleichen Froschgrün. Die Bestände der Zypressen- und Steppenwolfsmilch am Wiesenrand auch fast ausgetrocknet, Spuren von Chlorophyll zeigen Leben an, Rückzugsgefechte marginaler Art. Die Salbeiblätter zerfallen unter dem Messer quasi zu Staub. Winzige Bläulinge strampeln über dem Gemähten flügelschlagend auf. (...)

Der Autor

Bernd Marcel Gonner (*1966), Luxemburger von Vaterseite, Böhme von Mutterseite, studierte Germanistik, Philosophie und Kunstgeschichte sowie Deutsch als Fremdsprache in Bamberg. Er arbeitet als freier Schriftsteller (Lyrik, Prosa, Theater, Kinderliteratur), Landschaftspfleger auf eigenem kleinen Hof sowie freiberuflich im Bereich DaF. Zahlreiche Veröffentlichungen in Zeitschriften und Anthologien sowie eigenständige Publikationen. Für seine Arbeiten wurde er bereits mit mehreren Preisen ausgezeichnet, zuletzt 2020 mit dem Gustav-Regler-Förderpreis des Saarländischen Rundfunks und 2021 mit dem Deutschen Preis für Nature Writing.

Er ist Mitglied der A:LL Schrëftsteller*innen (Association: Littérature Luxembourgeoise). Vielfältige Zusammenarbeit mit den Komponisten Bernhard Ruchti und Michael Maria Ziffels.

2023 erscheint das umfangreiche Nature Writing-Projekt »Wilde Saaten«.

Anmerkungen zu den Begriffserklärungen

1 Bauernkriegs-Landschaft Tauber-Franken. Radtouren-Reiseführer. Tour B. Hg. Traum-a-Land e.V. 1995. Unpaginiert (alphabetische Ortseinträge)
2 Bauernkriegs-Landschaft (Routen Radtouren B, Tour B 9)
3 Etymologisches Wörterbuch des Deutschen. Erarbeitet unter der Leitung von Wolfgang Pfeifer. Walter de Gruyter, Berlin ²1992
4 Meyers Konversationslexikon. Verlag des Bibliographischen Instituts, Leipzig und Wien ⁴1885-1892

Anmerkungen zum Essay »Sediment und Sedum«

1 Bauernkriegs-Landschaft (Routen Radtouren B, Tour B 9)
2 Hans Scherzer, Erd- und pflanzengeschichtliche Wanderungen durchs Frankenland. 1. Teil: Keuper- und Muschelkalklandschaft. Verlag von Gg. Kohler, Wunsiedel 1920, S.145 f; »Blümchen«: bei Hoffmann von Fallersleben »Blümlein«; Zeichensetzung berichtigt
3 Hans Scherzer, S.135; Zeichensetzung angepasst
4 Hans Scherzer, S.144 f; die Schreibweise »Dettwang«, »Ackelei«, »Natterkopf«, »Rautenblättriges Greiskraut« folgt dem Autor; die lateinischen Pflanzennamen, die Scherzer angibt, sind in der Regel fortgelassen; Zeichensetzung berichtigt
5 Hans Scherzer, S.134 f
6 Hellmut G. Haasis in: Roland Bauer, Bäuerliche Lebensformen sterben mit den alten Leuten. edition cordeliers, Stuttgart 1982, Vorwort (ohne Seitennummerierung)
7 Karl Baur, Erläuterungen zur vegetationskundlichen Karte 1:25.000, Blatt 6526 Creglingen. Hrsg. Staatliches Museum für Naturkunde Stuttgart. Stuttgart 1965 (46 Seiten mit Karten und Tabellen) (Die Karte wurde laut Aufdruck 1951/52 aufgenommen, der Text laut Erläuterungsheft ein Jahrzehnt später, 1961/62!), S.26
8 Das im Essay beschriebene Gelände umfasst lediglich den Nahbereich der Magerrasen bzw. -wiesen des Hofes und spart – im Sinne eines fokussierten Schreibens vom begrenzten bzw. auf begrenztem Feld – das andere aus.
9 Karl Baur, S.28 f
10 Carlheinz Gräter, Fränkische Flora. Mainpresse, Würzburg 1992, S.45; die Gleichsetzung von Magerwiese und Trockenrasen ist nicht korrekt; der Begriff der Magerwiese ist umfassender, der des Trockenrasens spezieller

11 Hans Scherzer, S.143 f
12 Gerd Gaiser, Ortskunde. München 1977 bzw. sekundär
   Carlheinz Gräter, S.48 f, der Autor zitiert hier Gerd Gaiser
13 Hans Scherzer, S.119; Zeichensetzung berichtigt
14 Georg Ferdinand von Forstner, Phisikalisch-ökonomische
   Beschreibung von Franken. Erster Band. Schwabach
   und Leipzig 1791, S.294 f (Anmerkung in der Fußnote)
15 Gerd Gaiser bzw. sekundär Carlheinz Gräter, S.94,
   der Autor zitiert hier Gerd Gaiser
16 Georg Ferdinand von Forstner, S.293
17 Hans Scherzer, S.135
18 Hans Scherzer, S.138
19 Rainer Wolf, Das Taubertal zwischen Rothenburg o.d.T. und
   Bad Mergentheim. Natur, Landschaftsbild und Geschichte
   einer einmaligen Kulturlandschaft. In: Landschaftspflege
   und länderübergreifende Umsetzung eines Biotopverbundes
   im Taubertal. Hg. vom Bayerischen Landesamt für Umwelt-
   schutz. Augsburg 2005, S.20
20 Hans Scherzer, S.141
21 Hans Scherzer, S.117
22 Hans Scherzer, S.116; Zeichensetzung berichtigt
23 Hans Scherzer, S.118; Zeichensetzung berichtigt
24 Hans Scherzer, S.143

Anmerkungen zu den Reden

1 Ralf Rothmann, Kratzer und andere Gedichte. Suhrkamp,
   Frankfurt am Main 1987, S. 79
2 Annie Dillard, Pilger am Tinker Greek. Matthes und Seitz,
   Berlin 2016
3 Anmerkung des Verfassers
4 Roberto Calasso, Die Glut. Carl Hanser Verlag,
   München 2015, S.86
5 Paul Celan, Le Menhir
6 Roberto Calasso, S.298
7 Roberto Calasso, S.298
8 Diese Schreibweise belegt das Grimmsche Wörterbuch.
9 Paul Celan, Sommerbericht
10 Annie Dillard, S.331

Die Zeichensetzung weist gewisse – dem Gang und Atem
des Textes folgende – Eigentümlichkeiten auf.

Bernd Marcel Gonner bei KILLROY media

Oderberger – Ein Versepos
ISBN 978-3-931140-35-9
© KILLROY media Verlag, 2020

Volk der Freien – Erzählungen
mit Illustrationen von Michael Blümel
ISBN 978-3-931140-29-8
© KILLROY media Verlag, 2021

Re – belln oder Künftige Hundsgesänge –
Eine Novelle
ISBN 978-3-931140-36-6
© KILLROY media Verlag, erscheint 2022

Re – belln oder Künftige Hundsgesänge – eine post-apokalyptische Science-Fiction-Story, eine anarchis-tische Roadmap, vor allem und zuerst aber eine enorm romantische Geschichte um Freundschaften und Cliquen gegen den Rest der Welt.

Berlin, wieder von einer Mauer geteilt, doch unter umgekehrten Vorzeichen: Der Westen, unter dem Stern von Gier und Habsucht, schottet sich ab vom kleinen Land im Osten, das eine wahr gewordene Anarchie von Gleichen unter Gleichen lebt. Räuber macht rüber aus dem großen Land, verliebt in den rauen Baal, und schließt sich dessen Clique an. Alle eint die Sehnsucht nach einem erfüllten, unverstellten Leben, auch wenn es schmerzt in den Mühen der Ebene. Zwischen den halbzerfallenen Häusern wird Räuber zum Lehrer der Kinder. Doch seine Herkunft bleibt ihm auf den Fersen: Als die Übergriffe des Westens auf das kleine Land nicht aufhören, wachsen in ihm die Zweifel. Zweifel, ob die Gewaltlosigkeit, die er den Jungen vorlebt, als Antwort darauf genügt.